U0088183

AB♥ 專屬型人的血型星座大解析

AB

www.foreverbooks.com.tw

yungjiuh@ms45.hinet.net

幻想家系列 58

專屬 AB 型人的血型星座大解析

編　　著	米蘭達
出 版 者	讀品文化事業有限公司
責任編輯	范靖慈
封面設計	林鈺恆
美術編輯	王國卿

總 經 銷	永續圖書有限公司
	TEL ／(02)86473663
	FAX ／(02)86473660
劃撥帳號	18669219
地　　址	22103 新北市汐止區大同路三段 194 號 9 樓之 1
	TEL ／(02)86473663
	FAX ／(02)86473660
出 版 日	2019 年 02 月

法律顧問	方圓法律事務所　涂成樞律師
CVS 代理	美璟文化有限公司
	TEL ／(02)27239968
	FAX ／(02)27239668

版權所有，任何形式之翻印，均屬侵權行為
Printed Taiwan, 2019 All Rights Reserved

國家圖書館出版品預行編目資料

專屬 AB 型人的血型星座大解析／米蘭達編著.
--初版.--新北市 ： 讀品文化, 民 108.02
面；公分. --（幻想家系列：58）
ISBN 978-986-453-091-5 (平裝)

1. 血型　2.占星術

293.6　　　　　　　　　　　　　107021869

前言

　　對於血型與星座，人們有兩種截然不同的態度：一種是極度癡迷，一種是嗤之以鼻。一種事物引起人們的喜歡與厭惡的感情達到極端時，這種事物就具有了探究的價值。血型與星座已經成為許多專業人士和業餘愛好研究者極為感興趣的話題。那麼星座血型究竟是什麼？它們之間有什麼關係呢？星座與血型有科學道理嗎？帶著一系列的疑問，人們開啟了星座與血型書閱讀之旅，本書將帶您瞭解 AB 型人的奧祕。

　　許多年輕人在選擇書籍時，順手翻了翻市面上暢銷的血型星座書，然後找到自己的血型星座那一欄去看，結果會發現裡面說的和自己簡直一模一樣，甚至連自己沒有覺察到的性格特質都被作者說出來了。如果順便再翻翻自己朋友的血型星座，也是八九不離十。於是年輕人對血型星座的興趣就逐漸產生了，這就是血型星座的獨特魅力。

　　每個人都有自己與生俱來不會更改的血型，血型中有一種遺傳物質按照遺傳規律遺傳給後代。日本血型研究學者認為，血型決定一個人的性格氣質。雖然這個觀點遭到一些人的反駁，但有一點是肯定的，血型影響著人的性格與氣質，同一血

型的人非常多，性格也各不相同，但他們身上有許多相似的地方。我們可以從四種血型判斷人的性格氣質，即知道一個人的血型，腦海中對他的個性有大概的印象。但反過來經由一個人的性格氣質去判斷他的血型，是行不通的。比如一個人性格十分暴躁，容易動怒。我們可以猜測他是O型人的可能性要大一些，但是他也可能是其他三種血型中的一種，因為每個血型的人都會有脾氣暴躁的人出現。所以，從血型推斷一個人的性格有一定的科學道理，但從性格推斷血型就推不回來了。瞭解了這一點，也就避免陷入血型主義的泥沼裡。

AB型是四大血型中最晚出現的血型，它是人類大遷徙時代的結晶。人類從亞洲向西歐遷徙時，將它帶到了西歐的東部地區，如德國和奧地利等地。這些地方開始出現特殊的AB血型。為什麼說AB型血特殊呢？因為根據遺傳定律，如果夫妻雙方為A型或B型，如果都為顯性，那麼他們的後代一定是A型或者B型，很少出現混合的情況。

AB型是A型和B型的混合，所以AB型人的個性十分矛盾，令人難以捉摸。他們有時很溫柔平靜有時卻很暴躁難耐，也是矛盾的結合體，這正是AB型人的獨特魅力所在，也是它在其他人眼中的神祕之處。他們表面心思細膩，實際上作風大膽，常常做出令人刮目相看的驚人事蹟。這個血型的人是天生的理財專家嗎？與AB型人有過密切接觸的人可能深有體會，你常常會覺得很難掌控他們的心理，而與AB型異性交往的人肯定也煞費苦心。那麼，如何應對變幻莫測的AB型上級，如

何與深沉內斂的 AB 型戀人相處，如何教育冷靜早熟的 AB 型孩子，你可以在本書中找到答案。

　　本書是提供給 AB 型人或關心 AB 型人的星座說明書，書中詳細分析了 AB 型人的性格特徵以及他們所關心的一系列問題，例如該怎樣與人交際，怎樣玩轉職場，在健康養生方面應注意什麼問題等等，書中一一做出解答。並把 AB 型與星座排列組合，更為細緻地剖析不同星座的 AB 型人的性格特徵、人生運勢、職場命運、戀愛攻略、財富密碼、健康驛站等，讓 AB 型人更加瞭解自己，並向大家說清楚自己。讓關心 AB 型人的人讀懂 AB 型人，與他/她們和諧共處。

1

AB 型人性格奧妙剖析

2

AB 型人輕鬆玩轉職場

3

AB型社交達人的實戰技巧

4

AB型人養生大揭祕

5

AB型人家庭生活小提示

6

AB型人之黃道十二宮

開篇

　　血型的概念源自醫學。血型被發現是依賴於醫學的進步，尤其是手術的興起。人們發現輸血可以挽救生命，但同時也出現了新的問題：有的人輸血能夠存活，有的人輸血反而加速了死亡。因此人民開始注意到雖然同是血液，但也存在著差別。

　　具體的血型確定是在二十世紀初。1901年，卡爾·蘭德施泰，奧地利威恩大學的一名年輕助手，讀到一篇關於血球的論文後（英國病理學者謝塔克在倫敦病理學會上做的題為《肺炎患者的血球和血清混合後的血球凝聚》的論文），產生濃厚的興趣，於是他在實驗室中做了一個看似重複卻意義重大的實驗──將從22人身上抽取血液分離出血球與血清分別進行排列組合。

　　在實驗的過程中，他發現有些血液之間會產生凝血塊（輸血過程中，發生紅細胞凝集現象是一個危險的信號），而有些卻不會。並且這種凝集現象不是由於病症引起的，而是一種正常的生理現象。

　　於是他對實驗的資料進行整理，把這22人歸類為A、B、C三類血型，C型即我們現在所稱的O型。第二年，卡爾·蘭德施泰的兩位同事──泰卡斯特和斯塔利在他的研究基礎上發

現了 AB 型，到此形成了完整的血型系統。

　　由於血型最開始的研究出現在醫學範疇，所以人文血型的研究一直處於不被重視的階段，直到上個世紀，人們開始重新審視血型在人文領域的影響。其中比較早進行研究的是日本人，但因為環境等條件的制約，他的研究結果無法被科學的論證，所以沒有得到廣泛的認識和重視。

　　後來，日本一些研究人員開始了對血型和性格之間的關係研究，取得了重大的進展。也使血型的概念蔓延到學術界，讓很多人對血型產生了濃厚的興趣，甚至為此著迷。

　　日本血型理論研究家把血型的研究不僅僅局限於性格，他們把眼光拋向了社會：研究血型與國家、民族等諸多領域的關係，一些研究資料對後來的研究具有重要的意義。人們逐漸發現，日常生活中的一些問題可以歸結為本身血型邏輯，這個觀點不斷地被實驗和論證，使血型的概念更加融入到社會生活。

　　自此，血型開始逐漸融入到人們的社會生活中，它既可以運用到國際關係的領域，也可以運用到婚姻和家庭，血型分析可以在各種領域被適用，其理論隨著實踐的不斷前進，逐漸成為生活中不可或缺的一部分，其發展和研究將向著科學化、專業化的方向發展。

AB 型人性格奧妙剖析

AB型人，你所不知道的祕密

　　我們會發現，AB型在社會上數量上並不佔優勢，他們可以說是四個血型中數量最少的一族，但是他們的智慧卻讓其他血型難以企及。因為AB型人綜合了A型和B型的性格特點，在他們的身上，我們可以找到A型的穩重和喜好孤獨，也能找到B型的活潑與行動派作風。總而言之AB型相容了A型和B型的性格特徵，但是很容易和二者分開來。

　　對於AB型的性格，可以用辯證的眼光來看待，在他們的身上顯性性格只占一部分，其隱性性格可以說主導了他們性格的大部分。他們的性格弱點和優勢也不能因此一概而論，要在現實中根據他們的生活環境詳細分析。

　　AB血型人的典型性格：

　　♠直覺非常準，常第一時間掌握事物要點，反應能力極強。

　　♠非常冷靜，對自己認定的事情非常執著，很少在乎別人的看法，尤其是負面評價。

　　♠思維方式與眾不同，讓旁人無所適從，但能夠充分利用人際關係，也容易被接受。

　　♠很容易適應新環境，並享樂其中，同時也更善於抓住時機，特別是對自己有利的方面。

♠能夠非常客觀的看待事物，把自己脫離為客觀第三人。

♠能夠抓住事物的本質，辯證地看待事物的發展，不局限自己的思維。

♠有獨特的領導才能，但是過於獨特，並不能被全盤接受。當然，組織才能也不錯。

♠非常重視情感這方面，但是為人外冷內熱，並不常把自己的情緒表達出來。

♠智商通常很高，而且富有智慧，很少平庸。

♠.喜歡彰顯自己的個性，喜歡與眾不同，不走尋常路。對於生活的各個細節，非常講究，絕不含糊。

♠才能出眾，對很多事物都有研究，加上眼光獨到，總有過人之處。

♠有時很分裂，總是在各種看似矛盾的性格中遊走。

♠對於愛情，很少含糊，看似花心冷漠，其實非常專一。

AB型人之性格解讀──女性篇

　　AB型女性溫柔可愛、情緒善變，有時很天真，有時又會有驚人之舉。她們大多喜歡剛強、健壯的男性。

　　最缺乏野心，但求三餐溫飽、生活安定便已心滿意足。她們多是丈夫眼裡「可愛的女人」，但是她們既任性又隨性，堪稱「可愛的壞女人」。

　　AB型妻子對物質生活要求不高，但卻很在意整個家庭的佈置和情調，她們往往熱心於家居的裝飾和色彩搭配。對丈夫很關心，不會因為其成功或失敗而改變情意。她們對子女要求嚴格，但對孩子的關心和愛護也是非常細心和周到。

　　整體來說，AB型女性的主要類型有：熱心服務的活躍型；事事要求合理的正義型；可愛的壞女人型；毫無野心的知足型；對人恐懼的神經質型。

　　AB型女性的魅力所在：

　　♠對經過努力取得的東西，通常會加倍珍惜，因為她們懂得獲得後的價值。AB型女性一般不會輕易愛上別人，所以，一旦愛上了，她們會特別珍惜這份情感！

♠儘管溫柔、可人，但是也時常會有一些令人意想不到的舉動。

♠大多具有羅曼蒂克的內心，而缺乏羅曼蒂克的能力。所以，她雖然比一般女人多一份理智，但也常常愛幻想。

♣如少女般天真爛漫，有著自然的情趣，但有時又給人以狂野的感覺，迸發出令人難以抵擋的激情。

AB型人之性格解讀——
男性篇

AB型男性八面玲瓏，擅長人際關係的調停斡旋，但對於親情方面的關係卻往往敬而遠之。

大多在社會上相當活躍，善於經營，其中有如O型般的能幹型，有如A型般的認真做事類型，也有如同B型般的善於交際型。

喜歡和平，不願意與人作正面衝突。一旦失去經濟上的依恃，他們極易變得軟弱無能、不知所措。習慣與人保持距離，所以，他們喜歡從自己熟識的好朋友裡選擇戀愛對象。他們常

常容易被外貌姣好、氣質優雅的女性所吸引，但他們通常不會主動追求女性，而且他們表達感情的方式也很含蓄。

AB型人對待婚姻很認真，因此在是否結婚的問題上，常常舉棋不定。很重視家庭，常常把整個家庭的活動安排得井井有條，是妻子的得力幫手。他們一般很好客，但討厭繁文縟節。對子女要求比較嚴格。

整體來說，AB型男性的主要類型有：八面玲瓏、擅長交際型，社交活躍、善於經營型，認真工作的能幹型，親切、灑脫的紳士型，極端內向的神經質型。

AB型人性格弱點及對策

1、儘管AB型人知識淵博，但他們僅能將一小部分付諸實行，有時明明知道全神貫注做某項事可以鍛鍊意志，但總是遲遲不去實行。因此，AB型人應花較長的時間來培養韌性。比如做個全年的慢跑計劃，相信只要能堅持下去，一定會得到預期功效。

2、做決斷時不太受常識、倫理、人情等約束，一經決斷就立即行動。所以，AB型血人要注意充分利用所具有的合理

性進行反省，以便杜絕或減少失敗。

3、常常過分拘泥於合理，掌握不住適當的尺度，因此，在行動上，AB型人需做到始終如一，保持節度。

4、能透徹地分析利害得失，常常會說出違心的話，做出違心的事。因此，AB型人應培養自己的真誠，學會站在對方的立場上考慮問題，否則會遭人嫌棄。

5、有時因為對周圍的人漠不關心，極力迴避給自己添麻煩，以致失去別人的信任，陷入孤立境地。因此，AB型血人應要有「為人所生」的思想，要有犧牲精神。

6、AB型人的感受多較他人機敏，因而常常會從一個極端走向另一個極端，為了控制住自己，他們時常感到精神緊張。平時，可以透過發自內心地大聲吶喊，將心中的煩悶發洩出去；也可以泡泡溫水澡來慢慢理清心緒。

七點看AB型人

心靈關鍵字

AB型人、談吐風趣幽默、生活豐富多彩、服務意識濃厚。

智慧指數：★★★★

法力指數：★★★★★

受歡迎指數：★★★★

一、優點

看問題比較理性，有敏銳的判斷力；談吐風趣幽默；做事有效率，能夠抓住重點；能夠有效地控制自己的情緒；能夠正確地看待自己，不會迷失方向；興趣廣泛，生活豐富多彩；富有正義感，服務意識濃厚，有強烈的社會責任感；有企業家精神，有比較強的經營管理能力，能巧妙多元化經營。

二、缺點

太看重名利；缺乏耐心；不懂禮貌，輕視禮儀；性格懦弱；不夠坦率；自信心不強；阿諛奉承。

三、特性

即使沒把握和AB型情人這段戀情是否成熟穩當，也別刻

意提出和別人討論，以免觸怒對方，且盡可能別在人前人後批評他們。

千萬別肆意在 AB 型情人面前大肆批評其性格的缺欠。絕對要避免把已委託 AB 型者的事情再轉託付他人處理，且別算老帳，翻舊帳。

四、欣賞的類型

喜歡的對象是穿著講究、有品味、清爽、樸素典雅，可與其談論有關學術性藝術性話題的人。

五、戀愛信號

冷漠且乾脆的 AB 型人即使直覺對方不錯，也不會把感覺說出來，呈現的態度是非常冷漠，好像漠不關心，但其實當他仔細觀察你的行動時，就表示他對你有好感了。

六、財務觀念

對於理財投資會比較主觀，就拿買股票來說，他們不見得相信業務人員的話，寧願靠著自己吸收報紙書籍的知識來投資，而且可能會投資一筆令人訝異的數字。不過，即使再怎麼花錢，他們還是會留一筆預備金在身旁，所以當你聽到 AB 型人哭窮時，說不定他還比你有錢呢！

如果你有一位 AB 型的朋友，你可能會覺得他什麼都要算得一清二楚，就連一同去路邊攤吃東西，他也會分毫不差地出他該出的錢。不過，你可別認為他很愛計較，因為他不會占人家的便宜。

七、服裝偏好

喜歡色彩對比強烈的衣服。有時穿得很規矩，有時又很邋遢，很極端。選擇服飾以色彩為主。

難以捉摸的AB型人

一、少年老成

AB型的人，從小就用非常理智的眼光看待大人的世界，他們往往從小形成自己看問題的視角。雖然他們並不直接表達自己的看法，但是可以從他們的行動中看出：他們是經常安靜的待在自己的地方，不喜歡別人來打擾；同時他們身上有種不合年紀的穩重，讓大人很容易對他們產生信任感；他們很會審時度勢，知道什麼樣對自己更為有利，而且他們也很少做出損害他們利益的事情。

他們一般不喜歡提起自己的事情，即使兩個人非常熟悉，也不喜歡說起自己過去的事情，對自己的保護非常的強。他們願意談到自己的現在，理智地看待現在。

他們和大人的距離總是保持在一個合理的範圍內，並不像

其他的血型能夠和大人保持非常密切的距離，在他們的心裡很難和別人產生信任感，總容易讓自己超脫於主觀的看法，把自己放在一個第三人的方向，所以給人看來很難接近，總是和人保持著一定的距離。即使和自己的父母，也只是比一般人與人之間的情感要深厚些。

他們很少像其他血型孩子那樣喜歡與家長或自己的親人打打鬧鬧、撒嬌取寵。其他血型的人容易和家人融為一體，建立互相信賴的關係，更可以成為可以互相交流情感的朋友，但AB型的小孩就很難產生這樣的絕對信賴。雖然他們的父母親也能與他們建立一種非常親密的關係，但這只是一種相對的親密，與其他血型的完全信任相差甚多。

雖然年紀小，但是卻會克制自己的感情，並不會將感情完全外露，他們總是平靜、冷靜，總給人一種冷漠的感覺。容易受距離的影響，所以更容易和親人疏離。

二、與生俱來的淡漠感

AB型的人感情比較冷淡，他們也很少去關心別人，似乎總是在自己的世界裡，所以給人自顧自地冷漠的印象。他們也有活潑的時候，但是他們並非願意堅持一種開朗的性格。

相對與其他的血型，AB型人身上的生存感就非常的薄弱，總是用一副隨便的方式。從非常小的時候，他們就沒有高高在上的樣子，也不會因為自己的優秀而瞧不起別人，所謂的優勢在他們眼裡並不算什麼。雖然他們也喜歡參與競爭，但是很少有非勝不可的思想，因此很少能見到他們怒氣衝天的樣子。

他們不太願意與人交談，總讓自己游離於之外就像是高高

在上的監察者。他們不喜歡表達出自己的想法，但是不得不承認他們的分析和看法非常準確。

雖然AB型的人看起來冷漠，易避世，遠離人群，但絕不是說他們在社會活動方面一事無成，相反，在社會上每個領域活躍的人大多都是AB型的人。

在愛情方面，AB型的人對待愛情的態度也很理智，所以總是讓人捉摸不定，讓人感到若即若離的情緒。

三、參與社會活動的願望

雖然AB型的人天生與生活保持著距離，但等到了一定的時期，就會產生回歸社會的想法，因為他們知道如果不回到正常的社會生活中，那麼他們一定會被拋棄的，他們已經把現在的生活本能劃為社會之外。當他們有這個意識時，就開始了不懈的努力，由於有很高的智商和情商，總能在與人的交往中遊刃有餘。

因為他們的理智，不容易被感性主宰，更不容易被慾望迷惑。頭腦清醒，在別人都為之著迷的時候，他們往往能夠冷靜地看出所存在的問題，一針見血地指出矛盾所在。

不光如此，他們很會掩藏自己的內心，總是用笑容溫和地面對他人，總是能在他人的糾葛能夠斡旋調節，是一個非常好的外交家。但是當糾葛出現在自己的身上時，他們往往表現非常軟弱，總是不能夠非常氣魄的說出自己的不悅，他們往往在矛盾激化時自己就放棄掉，遠離爭吵。

AB型人的愛情像戲劇

　　AB型人在愛情上是一個急性子，他們的表現可以用唱獨角戲來形容他們的行為。他們喜歡為自己的愛情幻想，有時還會單相思，希望愛情可以像自己的劇本裡寫的那樣。

　　AB型人的單相思不是盲目，更不是無法自拔的，他們也正視現在，也知道自己將要面臨的結果。他們的愛情不是火，不會那麼灼熱，卻是極光，絢爛到極致。他們希望自己是悲劇中的主人公，為愛情不顧一切的獻身，越是這樣的感覺，越能夠滿足他們的好奇心，但是慢慢的他們就會發現這不是愛情本來的樣子。

　　AB型人總是要自食苦果，他們總是被遺棄，被傷害的那一類，因為有時候他們總是不願面對現實。AB型人愛一個人的方式受他身上A型和B型的影響都很大，這讓他們總是充滿了矛盾，一廂情願的做事情，得不到對方的理解。他們身上矛盾的A型與B型的性格總是在不斷的鬥爭，讓他們的愛情觀念也是來回變動，讓對方沒有信任感和安全感。

　　但是AB型的人卻是十分的缺乏安全感，在愛情中，他們需要對方能夠給他們帶來安全的一面，他們害怕因此受到傷害，他們的身上利己的一面在愛情中發揮得淋漓盡致。但是他

們卻又無法給對方帶來安全感，這又是他們矛盾的一面。

擁有雙重性格的 AB 型人重視人際關係，還會非常清醒的保持人際關係中的平衡。他們很願意讓自己在人際交往中有所向披靡的感覺，他們喜歡這種狀態。

他們對待愛情的態度不會損害到他平時的人際關係，他們有清醒的頭腦：所有的人際關係都是他們的財富，所以他們不會追求極端的愛情，他們追求能夠融入其交際生活的愛情。

AB 型的人不是可以為愛犧牲一切的人。在談戀愛後與對方雖是平淡相處，但他們是最注重誠實的。在這方面的優柔寡斷也是 AB 型人的一大特色，而且他們更很少有沉溺於某一事物的現象。

雖然看似對愛情並不是很在意，但是一旦兩人確定關係，那麼他們就會對自己的愛情忠誠，絕不會背叛自己的愛情。由於他們的理性頭腦，一般都是平淡的但是卻能夠經得起歲月考驗，這也是為什麼 AB 型的人和愛人分手了還能夠成為好朋友的原因。在這樣的相處關係中，AB 型人不斷觀察對方，為對方打分數。

對於愛人，他們更重視一個人的人品，他們希望自己的愛人能夠表裡如一、忠貞不渝。所以這個考察的過程是漫長的。他們希望靠現實說話，靠證據說話，而不是憑自己的直覺來面對。

給AB型人的建議

　　1、不要因為別人的看法給自己貼上標籤。人們通常對AB型的印象是憑著自己主觀的，他們可能會認為AB型人「性格分離」或者「反覆無常」，不知不覺中，你也會相信自己就是這樣的人，並且會用這些評論為自己的失誤找理由，為自己的偷懶開脫，慢慢的你就真的會變成別人說的那樣的人。你要給自己信心，不要在意別人的眼光，別人的話聽聽就好了，那不是你。

　　2、不要被現實所限制。保持你的美德，反抗暴力，追求公平和正義，不拘小節。這些不必因為外部的壓力而改變，這些都是你的魅力所在，是你成就夢想和實現人生價值最珍貴的財富。不必因為外部的流言風語而改變，你的人生控制在自己的手中。

　　當發現自己不被理解時，不必氣餒，因為沒有人能夠被每個人所接受，更不會被每個人所欣賞，自由的做自己才能夠讓自己獲得內心的滿足。

　　3、多姿多彩地生活，既然你不喜歡一板一眼的生活，就不必委屈自己去枯燥無味的程式化工作上去浪費自己的時間。找尋屬於自己的天地，發揮你獨特的溝通能力，讓你的工作和

生活充滿色彩，盡情發展自己的個人能力。

4、做有原則的人，無論怎樣堅持自己的原則。一個人難能可貴的並不是他能夠做出多麼大的成就，而是在人生的道路上他是否能夠堅持走自己的道路。

當你成長為獨立的個體時，不要因為父母或者其他人的影響而去改變自己的方向，也不用因此而感到沮喪。你所親近的人不會在乎你能夠成為什麼樣的人，他們更在乎的是你的快樂和幸福。所以，堅持你的獨立，堅持你的原則，這些會讓你找到自己前進的意義。

5、找到自己的目標和方向。AB型人通常都有散漫的性格和與世無爭的氣度，當然並不能說這不是一個好的現象，但在社會的強度競爭中保持這樣的思想，會讓自己的人生發展走向一個難以預測的方向。

因此，AB型的你，要給自己定個目標，知道自己將要努力的方向，知道自己將要克服的性格弱點。每個人都不是和社會脫節的，作為社會人也從來不是為自己而活，更多的是為了理想和目標而奮鬥，這樣才能實現自我的價值，實現人生的意義。

6、什麼樣的目標適合你？你性格裡的兩個極端會讓你做出衝動的事情，所以你要仔細想好自己的行動方向和目標。你要盡可能的具體化你的目標，這樣會讓你的行動更加確切，也讓你每次的付出和回報都有可以衡量的標準；你的目標可能會很多，不過這樣也沒關係，你要學會有捨有得，知道自己最想要到達的地方，閉上眼睛，聽從自己內心的選擇，慢慢的選

擇，找到最想要實現的目標，然後慢慢地去實現次要的目標。別人的說的話，隨便聽一聽，自己做決定，因為你才是自己的主宰。

7、不必太過苛求自己。生命中沒有那麼多完美的事情，你應該去學著接受一些不完美，在不完美中發現生活的美好。你的感覺太過敏銳，過於追求完美會讓你變的神經質，讓你看不到生命的價值。

你要學著去釋放自己的情感，增加自己對他人的信任感。這個世界假若沒有一個人值得相信，那麼也沒有一個人會相信你，所以你要試著去相信別人，建立人與人的信任感，讓自己輕鬆些。

8、堅持原本的自己。這個世界紛紛擾擾的，人總是會迷失於各種各樣的慾望。要試著去強大自己的內心，讓自己從靈魂深處做回自己。這樣你才能夠不去理會世俗的眼光，你才能夠不去掩飾自己的本性，讓自己的生活變得輕鬆；你更能夠不必考慮他人的反對，堅持自己的理想；你更可以因此而修煉出強大的內心，讓更多的人注意到你豐富的內心，對你充滿了欽佩，助你取得成就。

所以不必因為 AB 型複雜的性格而沮喪，每個硬幣都有兩面的，你的複雜及多變都是你的個性所在，這些都是你獨特的個人魅力，會聚焦更多人的目光，會為你帶來更多的幫助和成就。

AB型人輕鬆玩轉職場

AB型人在職場中的特質

　　AB型人非常的厭惡攀附富貴和阿諛奉承，對很多現象嗤之以鼻，並且非常注重公平和自由，容易引起同事的反感。

　　• 易自大，有時會妄想和暴躁，性格有時變的分裂。

　　• 善於社交，只要AB型人願意，都能夠和你成為朋友。

　　• 對自己的期望非常高，要求自己必須要做到非常成功的地步。

　　• 非常能夠適應現實的變化。

　　• 對自己的幻想非常執著，最怕幻想的破滅。

　　• 精於算計，很少有乞丐。

　　• 易和人保持著適當的距離，十分的冷靜。

　　• 容易放棄，雖然對自己抱有的期望很高，但並不是很願意參加競爭。

　　• 給人的感覺很神祕，不容易被看透。

　　• 事事通，涉獵的非常廣，但是並不深究。

　　• 願意隱藏自己的想法，別人猜不透他們是否真的喜好一件事物，而且還是一個十足的撒謊高手。

　　• 平時很少放縱自己，對自己的要求很高，也非常嚴格。

　　• 有時候會過度的謙虛和看輕自己。

•不會搶別人的風頭，非常重視公平。

•會崇拜能夠給社會帶來成就和希望的人，自己也暗暗想成為類似的人

•非常重視精神上的追求，有時顯得非常的與眾不同。

凡事追求高效率的AB型人

有些 AB 型人是名副其實的天才，他們能經常保持清醒的頭腦，知道什麼時間該做什麼，該怎麼做。由於他們具有抽絲剝繭的分析問題的能力，個性冷靜，情緒沉穩，所以他們做事總是有條不紊，效率極高。

在職場中，很多人都有這種感覺：每天忙忙碌碌，但總是忙而無功；感覺自己付出了很多，卻還總是不能獲得老闆的滿意；沒有一刻空閒，月底總結時卻說不出自己做出的成績。

如果你正處於這樣的狀態，這時的你就需要提高警惕了，也許你不是工作不努力，而是需要掌握正確的方法提高工作效率。因為，如今可不是講求「慢工出細活」的時代，效率總是與工作業績、獎金，甚至晉升掛鉤，因此需要向 AB 型人學習如何提高工作效率。

下面就解密他們幾個提高工作效率的好方法：

一、制定適宜的工作計劃

在工作中，每個人都應認識到做出合理計劃的重要性。為工作制定合理的目標和計劃，做起事來才能有條理，你的時間就會變得很充足，不會擾亂自己的神志，辦事效率也會很高。所以，你應當計劃你的工作，在這方面花點時間是值得的。

如果沒有計劃，你就不會成為一個工作有效率的人。工作效率的核心問題是：你對工作計劃得如何，而不是你工作做得如何努力。

二、將工作分類

將工作分類的原則主要有輕重緩急的原則、相關性的原則和工作屬地相同的原則。輕重緩急的原則包括時間與工作兩方面的內容。很多時候員工會忽略時間的要求，而只看重工作的重要性，這樣的理解是片面的。

相關性原則主要指不要將某一件工作孤立地看待。因為工作本身是連續的，當前的工作可能是過去某項工作的延續，或者是未來某項工作的基礎。所以，開始工作之前，先向後看一看，再往前想一想，以避免前後矛盾白費力氣。

工作屬地相同的原則是將工作地點相同的工作儘量歸併到一塊完成，這樣可以減少因為工作地點變化造成的時間浪費。這一點對於在現場工作的員工尤為重要，如果這一點處理得好，可避免在現場、自己的辦公室、物資部、監理、業主及其他部門之間頻繁接觸。既節約了時間，又少走了路程，還提高了工作效率，何樂而不為呢？

三、營造高效率的辦公環境

每次辦事的時候總是馬馬虎虎，好像需要的每一樣東西都故意和自己作對，需要它們的時候總是找不到，其實這些都是辦事雜亂無章，辦公環境混亂造成的。

要營造出高效率的辦公環境，最有效的方法是將不常用的東西移出你的視線。你隨便看看就會發現，辦公室裡很少使用的東西數量驚人。過期的檔案、廢棄的信箋、從沒使用的檯燈，等等。在伸手可及的範圍內只保留那些最為常用的東西，將那些不是每天都要用的東西移出你的視線。

四、立即行動不拖延

在工作中，有些員工總是喜歡把工作往後拖，把今天的事拖到明天再做。因此，很多工作因為做得不夠及時而被耽誤，效率也就難以得到保障。拖延是所有工作習慣中最為有害的。職場中有許多人都是被這種習慣所累，造成挫敗的結局。所以，你應該竭力改掉拖延的習慣。

要改掉拖延的不良習慣，唯一的方法就是在有工作要做時，立刻動手去做。「要做，就立刻去做」這是保持高效工作的格言。

AB型人與不同上司交際攻略

面對A型上司

AB型的冷靜、客觀和一流的判斷力持讚賞的態度，更對他們不拘泥於習慣和經驗非常欣賞，認為他們是非常有能力和有創造才能的人才。但是AB型的散漫和沒有堅持力會讓A型的上司感覺到是個人才，但是不肯努力，只要努力一定能夠做得非常到位。但是卻不肯用心，總是敷衍了事的樣子。

面對A型的上司，要勇於展現自己的優點，讓自己的冷靜判斷力發揮到極致，也要非常努力，不斷地調整目標，讓上司看到你的進步。

面對B型上司

AB型的平靜、與世無爭在B型人的眼中就變成了冷漠，不善於團隊合作，總是拘泥於自己的小天地，豐富的創造力在上司的眼中也容易變成做事情沒有條理。

讓上司感到做事沒條理，沒有團隊精神，更是對團隊沒有信任感。因此，面對B型的上司，努力發揮自己善於交際的一

面和勇於承擔責任和工作的一面，學會團隊協作，給予集體和上司充分的信任。

面對 O 型上司

AB 型的能力是 O 型所非常欣賞的，他們樂於接受有能力有思想的員工，他們也能夠看到下屬的努力和進步，能夠接受 AB 型員工天馬行空的創造力。

但由於 AB 型員工的太過不羈，他們也會有隱隱的不安，總是害怕 AB 型員工的能力超越自己。

所以，AB 型部下要注意到不僅僅要努力工作，更要注意跟上司的交流。上司更在意的不是你的創意好不好，而是你的態度。多多溝通，多多詢問上司的意見，讓上司瞭解你在做什麼才是讓上司敢於放權的好辦法。

面對 AB 型上司

能夠碰到同血型的上司是一件非常難得的事情，這個機率大大小於其他血型的機率。由於相同的基礎性格，所以彼此溝通起來並不存在非常大的問題，對於一些事情兩人更容易達成共識。

由於 AB 型對自我的要求非差嚴格，那麼作為下屬要跟得上上司的步伐，要注意自己的態度，遵守公司的章程。要謙虛，不張揚，低調且有內涵。同時要注意自己的言行舉止，充分聽取上級的意見，認真執行上級的指示。

AB型＋AB型是最佳 職場搭檔嗎

　　AB型與AB型的職場搭配屬於「事不關己，高高掛起」的類型，因為AB型性格的原因，他們都不會對對方的隱私感興趣，所以他們共事就是「相敬如賓」的模式。

　　正因為不感興趣，所以他們不會建立起對立關係。雖然難免會在工作中遇到摩擦和利益衝突，但他們都會做出適當的妥協，不喜歡惹起事端。但他們和諧共處的狀態不會給企業利益帶來良性競爭，自然不會對企業產生良好的促進作用。

　　因此，優秀的領導者會合理利用血型的魅力，使他周圍的血型人際關係更加複雜、微妙一些，讓最佳血型性格搭檔組合在一起，這樣有利於工作的開展，也有利於企業的利益。

AB型人有著怎樣的創業精神

　　有些人適合自主創業為自己工作，有些人天生就是當領導者的料。這些都屬於精英人才，那麼他們之間都有哪些共同點呢？

　　從血型角度上講，很多大公司名企業的老闆或者乾脆就是自主創業者都是AB型，AB型具備創業性格，面對工作激進，偶爾有些極端，很多工作狂人都出自這個血型，比如比爾・蓋茲。另外AB型人比較理性，遇到問題總是能理智地面對。因此，這類型的人通常具備冷靜和專心的判斷特質。

　　另外，相比較其他血型的性格而言，AB型人在追求成功的過程中會更堅韌，也正是因為他們的堅持，才更容易讓他們在事業上接近成功。雖然如此，他們的缺點也很明顯，他們往往在遇到利害衝突時，表現得太過冷靜，進而給人一種冷酷無情的感覺，故在職場有不近人情之嫌，所以，AB型人要想在創業的路上一帆風順，還要多在人情世故上予以加強，AB型的成功創業者一般都是「冷靜型」的創業家。

如何與AB型同事「合作愉快」

如果你是 A 型人

不要在 AB 型人面前逞口舌之快。AB 型人最討厭膚淺的人，光逞口舌之快容易使 AB 型人感到你的膚淺，他們並不在意你是否是個成功人士，更多的是在意你的本質是什麼。

要充分表達自己的感覺，讓 AB 型人感覺到你並不複雜，和 AB 型人直來直往更能夠得到他們的好感，他們生來對人有隔膜感和不信任感，你的直爽更能夠讓他們放心，讓他們感到你是被他們所瞭解所認知的。

掌握他們的人生特色。你知道他們的性格，更容易去摸準他們的脾氣，加上 A 型的你是一能和任何人和睦相處的人，又是一個會關心人和良好的傾聽者，所以 AB 型人和你合作一定會很愉快。

如果你是 O 型人

O 型的你是一個大公無私，喜歡幫助同事的人。在你跟 AB 型接觸的過程中，你會給他們很多無私的幫助，他們也會欣然

接受你的幫助。但是如果你對他們越來越好，不求回報，會讓他們對你產生懷疑。人的心理是非常微妙的，尤其是對於 AB 型人來說，這樣的好處太多，會讓他們失去安全感，失去信心，而非是覺得兩者之間的關係會日益密切，AB 型的同事會本能的疏遠這份關係。

所以，當你面的 AB 型的同事時，要善於掌握跟他們相處的程度，不要過火，也不要過冷。而且 O 型的你要學著收起自己嚴肅的態度，雖然是為別人好，但是比較緩和的態度更能讓對方接受。你應該使自己的心思更敏銳一些，這樣有助於你去瞭解 AB 型同事的內心，也能夠加強你們之間的交流，使你能夠在工作中得到他們的協助。

如果你是 B 型人

對你而言，AB 型的同事是非常有魅力的，無論在什麼場合，AB 型的同事的表現會讓你感到有魅力，因此你也想更多地瞭解他們的想法，去傾聽他們的聲音。但是由於你的性格的原因，你容易隱藏起自己的個性和聲音，不容易和 AB 型的同事說過多的話，但是會是一個好的傾聽者，會贏得他們的青睞。

你經常能夠從 AB 型人身上學到很多東西，這也是你為什麼喜歡 AB 型的同事講話，因為你可以在他們的交流中不斷地學習。在這種接受與被接受的關係中，你往往會和他們保持良好的關係，會因此而得到 AB 型同事更多的照顧。

如果你是 AB 型人

　　由於是同樣的血型，所以你們更能夠瞭解對方的情緒，瞭解對方是外冷內熱的人。雖然外表像是不好相處的人，還往往還帶點清高的意思，但是其實你們是一個非常好相處的人，對你們不熟悉的人往往會對你們產生誤解，其實你們是可以為他們拋頭顱灑熱血的人，永遠懷著一番赤誠。

　　作為同為 AB 型的同事，你們很會為集體著想，為對方著想，你們善於去發現對方未說出的話，給對方留有更大的空間和餘地。你們能夠成為非常好的朋友，能夠在患難中相互幫助相互扶持。所以當你有一位 AB 型的同血型同事時要珍惜，因為他們能夠成為你某種意義上的知己。

如何贏得 AB 型客戶

如果你是 AB 型人

　　能夠碰到 AB 型的客戶是一件不容易的事情，小機率事件的出現也意味著是你的幸運，畢竟你非常瞭解他們的心理，更

容易掌握他們的情緒。

雖然有如此的優點，但不能忽視對方也可能非常瞭解你的心理，所以你們之間的交流就像是高手的對決，不可以有一點投機取巧，虛假的東西一言就會被對方看穿。

但是在生意場上，並不能因為你對 AB 型的瞭解而放鬆對客戶需求的跟進。對待他們，更要把自己的耐心與細心表現出來，光是誠意還不足以構成成功獲得客戶的方法。

同是 AB 型人，在看待問題上也會有同樣的方式，也容易出現同樣的固執，因此更需要去包容客戶的這種固執，才能夠達到滿意的結果。

如果你是 A 型人

A 型的你是一個有親和力的人，你溫柔的舉動能夠贏得 AB 型的好感。AB 型人通常看起來是外冷內熱，經常表面看起來話不多，態度一般來說也不是很好，對人總是有一種莫名的疏離感，但是 AB 型的客戶還是非常喜歡 A 型親切、自由的舉動，在頻繁的接觸中會逐漸打開自己的內心。

當你面對 AB 型的客戶時，一定要讓自己的話題引起他們的注意，這樣你才能夠進一步闡述自己的產品，即使沒有得到 AB 型客戶的回應也不用害怕，他們並不是沒有興趣，可能是在思考，這個時候你不妨問問對方是否有什麼疑問和想瞭解的，等待著客戶發話，並給予真誠的解答，這樣更容易贏得他們的好感。

如果你是O型人

O型的人，對於AB型人來說有著強烈的吸引力。同樣，O型的人也總能發現AB型人身上的閃光點，因此，你們的初次見面會比較和諧。AB型的客戶，會被你的理性魅力所吸引，在這種良好的氛圍中進行會話，將會是一個良好的開始。你可以趁此把握機會，掌握住主動權，並且維持好現有的友好局面。

在你和AB型的客戶交往中，你的理性雖然是他們所喜歡的，但是由於AB型人領悟較差，他們還特別堅持自己的看法，所以會讓對話顯得有些僵局。在這個時候你應該發揮你的耐心，讓AB型的客戶有發揮的空間，並且不要過於跟客戶計較，更不要去推翻他們的觀點，這樣的話你的成功的機率就會非常大。

因為AB型人，他們非常不喜歡自己在爭論中敗陣下來，一旦敗陣下來，他們會產生非常落敗的情緒，讓自己提不起興致來，本來對你已經卸下的心房也會重新關閉。所以當你必須和他們爭執時，不妨退一步，聽聽他們的意思，然後不去爭論，把生意談好，達到自己的目的才是首要的。

如果你是B型人

你是一個面對客戶可能會突然不知所措，腦袋一片空白講不出任何話的人。這個時候你需要的是一個緩衝期，去組織你的語言，這並不是一件有弊而沒有利的事情。因為你侷促反倒

會讓 AB 型的感覺你沒有危害，會讓他們本能地產生可信賴的感覺，所以你的缺點反倒可能成為你的有利條件。

在你面對客戶時，要勇敢地表現出自己真誠的一面。你不需要多麼華麗的辭藻，只需要將你的產品完完整整地表述出來，認真誠實地回答 AB 型客戶的問題，讓他們對你產生信賴感，那麼你就會成功的贏得了他們的心。

AB型人適合的職業

如果單從性格來分析，AB 型人適應的工作並不多。因為他們天生似乎愛避世，天生不喜歡一板一眼，喜好自由，不喜歡被束縛，更重要的是他們對於世俗的眼光充滿了不瞭解。所以單單從性格的一方面來看，適合 AB 型的職業並不是很多。

但是 AB 型有一個最大的特質：超強的適應能力，這也是我們能看到的，在各行各業取得成功的人數中，AB 型占了相當大的部分。因為他們能夠非常快的適應環境，加上他們有意識地改變自己的態度，所以所以的工作對他們來說都是小菜一碟。

無論工作內容如何，AB 型的你要記住：做快樂的工作是

會讓人產生幸福感。所以你雖然可以適合任何的工作，但是最重要的還是要找到能夠發揮你的才能，能夠給你帶來成就感的工作。

一般來說你適合發揮靈感和想像力的工作，能夠發揮個人能力的工作是你的首選。如：廣告創意、自由作家、公關、外交家等，切忌一成不變的工作。要記得發揮你的才能，不要讓自己淹沒在人群中，碌碌無為的過一生，既然選擇踏入社會，那麼就該儘量做到最好。

AB 型社交達人的實戰技巧

AB型人給人留下的第一印象

　　AB型人在人群中就像是善變的一族，一般不會被人猜透他們的想法。看似冷漠，說話總帶著幾分小心翼翼。情感非常細膩，感觸十分敏銳，讓人有時難以接近。

　　穿著打扮別具一格，有時會不拘小節，喜歡強烈對比的打扮，喜歡與眾不同，雖然讓人感到可能會不是十分協調，但也有耳目一新的感覺。

　　對自己的要求非常嚴格，總是對自己有非常高的標準，對自己的能力有著非常謙虛的評價。雖然很少在人前表露自己的能力，但是會讓別人對其印象非常深刻。

AB型人說話習慣與待人方式

　　AB型人說話非常小心，所以很少會傷害別人的心。加上AB型本身的與世無爭，他們通常都是非常善解人意的。

　　他們小時候與長大後的性格經常會截然相反，很多小時候不善於表達的人到後來可能會成為優秀的演講者或者斡旋的外交家，能夠圓滿的處理各種問題，非常有分寸有煽動力的變現自己的思想。

　　AB型人總是給人以淡漠的感覺，這是他們與生俱來的性格。他們對世事人情看得非常的透徹，對人生的思考也非常的早，所以，雖然他們心裡有想親近的可能，但是也很少表現出來，久而久之，就變成外冷內熱的性格，AB型人也漸漸習慣自己淡漠的性子，對人難以產生絕對的信任感。

　　雖然他們性格淡漠，但是他們天生有一種以天下為己任的性格。他們不會拒絕別人的請求，會最大限度的給人以幫助，但是他們仍然不會講出自己的想法。他們會幻想自己是世界的救世主，希望自己像超人一樣，給這個世界帶來和平和幸福。因此，我們能夠在各種公益社團中看到他們的身影，他們經常為公共利益、為弱勢群體奔走忙碌，呼籲幫助，只因為他們心中絕對的正義感和公平性。

正是由於身上強大的正義感，所以他們不屑於拉幫結派，不會去結黨營私，對於阿諛奉承更是不屑一顧，總是堅持自己的想法。對於世俗人情總是露出厭惡的表情，他們習慣君子之交淡如水。

雖然AB型人有強烈的好惡感，但是他們還是很少表現出來，他們會隱藏自己的情緒，對自己所厭惡的人也能夠保持平靜的心態。對於私人恩怨和公事分的十分清楚，是天生的溫和主義者，絕不會因為個人原因而影響大局。

AB型人如何對待朋友

一個人事業上的成功和愛情上的幸福，與其人際間關係有著非常密切的聯繫。而血型不同，往往會影響人際交往。那麼，在實際交往中，AB型人應該注意些什麼呢？

B型人與AB型人可以成為很好的朋友。他們之間有相互交談的慾望，而且，在交談中，B型人往往能提出具有建設性的意見，這給AB型人留下良好印象。

雖然，與A型人交往，多是AB型人付出得多，但是，A型人也能給AB型人以無私的鼓勵和幫助，幫助AB型人擺脫

壓抑情緒，充分展示自己的才華。所以，A型人也是可以交往的對象。

AB型人多很自負，因此，他們之間很容易相互看不起。但多數時候，他們心有靈犀，能夠很好地理解對方，而且不會過分干涉，因此也不會讓彼此感覺緊張。

AB型人多半會覺得O型人難以溝通，但不會拒O型人於千里之外。在與O型人相處時，他們能夠適時地放手，尊重O型人唯我獨尊的「霸道」與不達目的誓不甘休的「進取精神」。

AB型人如何處理人際關係

AB型人與AB型人相處

你們能夠相遇也是一件不易的事情。才剛相處你們會發現彼此非常合得來，因為同樣的血型的原因，你們對彼此的性情非常瞭解，更能夠理解彼此對問題的態度和看法，彼此頗有些惺惺相惜、相見恨晚的感覺。

經過一段時間的相處之後，你們會逐漸發現彼此的缺點。其實這是在任何人與人之間的相處中會出現的。因為對彼此的過於瞭解。你們很容易地發現對方的謊言和對方的閃躲等，這樣會讓你們似乎看到一個充滿了缺點的自己，彼此會以對方為鏡子，在對方身上看到不完美的自己。於是在這個時期，你們非常不能夠接受對方，甚至會產生排斥的心理，影響你與對方的關心。

因此，AB型人之間相互的交流中要有包容心，要看到對方的優點，不要執著對方的缺陷，「金無足赤，人無完人」，發現對方的優點，包容他的缺點，才會使自己真正找到知己。無論再密切的交往都要適度保持適合的距離，有合適的距離才不會將缺點擴大化，才能夠距離產生美。

AB型人與O型人相處

AB型的你在對待不熟悉的人時，往往被認為是好好先生（小姐），你的脾氣非常的好，似乎總是笑臉待人。所有你很容易和O型的人建立起良好的關係。

O型的人一見到你，就會非常喜歡你身上的感覺，你的魅力會對O型人產生影響，加上在後來的接觸中的，你的淡定、冷靜、解決問題時獨特的能力，都讓O型人對你刮目相看，這時的你也會容忍O型的自我為中心。但是當你們非常熟悉時，你的本性就會漸漸的顯露出來，漫不經心與我行我素會讓O型的人十分受傷，他們會因為你的態度的變化而感到憤怒，殊不知這是你本來的性格。

在你們的交往中，一定要注意你的態度問題。如果想要做好好先生不妨把自己的好脾氣保持下去，或者表裡如一，讓O型的人真正的瞭解你、理解你的行為，並儘量不與O型人發生利害關係，這樣你們的相處就容易得多了。

AB型人與A型人相處

你們之間也存在著相當大的共同性，所以你們很容易能夠成為朋友。因為AB型來源於A型，所以AB型人特別喜歡A型的性格和處事特點，有時會表現出事事以對方為中心。

長久下來，AB型身上的閃光點就會被自己的態度和藹、不偏激、性格好所掩蓋，而A型的人恰恰是被AB型身上的才氣和能力所吸引。你以A型人為中心就會變成凡事依賴他們、沒有能力、沒有才氣的人，這樣會讓A型人對你感到失望，感覺乏味沒有吸引力，就會變得不願意與你接觸。

要試著去發現自己的能力，充分發揮自己的才華，讓自己的魅力充分地表現出來。你要試著去瞭解他們追求現實的心理，在他們的夢想之路上給予適當的幫助，使他們認可你的能力。

AB型人與B型人相處

AB型人對B型的態度總是很緩和，對B型的神經質也會採取大而化之的態度，加上AB型人天生的冷漠和對自我事業的追求和完善，會讓B型的人感覺自己非常不受重視。加上你對熟悉的人的態度經常會有所變化，所以會讓對方感到不理

解，並且會非常驚訝。

若B型的人能夠接納你的性格，和你關係十分密切，那麼你們能夠保持一段長久的感情，但是如果你沒有改變自己的態度，B型人對於不甚熟悉的你會採取敬而遠之的態度，和你保持相應的距離。

所以，在和B型人相處時，一定要學會保護他們的感情，不要去傷害他們的自尊，B型人是很容易被真誠所打動的。

與AB型人交談的技巧

1、要顯示出自己的內涵。你有知識、有能力、有分寸的談吐會讓AB型人對你產生好感。因為AB型人不能容忍低俗的人，更無法忍受不懂裝懂的人。

2、學會傾聽。由於AB型人出色的能力和他們對自己的嚴格要求，他們的言談舉止中總會有許多值得你學習的地方，聽他們講話，也是你學習的一種方式；

3、AB型人比較含蓄，他們說話不會很直接，所以有時你要有意識的明白他們實際想表達的意思。這其實是AB型人比較內斂的一面，他們不喜歡讓別人看出自己赤裸裸的慾望，卻又想達到自己的目的。

4、和AB型人保持適當的距離。無論是在生理上還是在心理上。AB型人對於遠距離沒有感覺，太近的話又覺得害怕，適當的距離才能保持你們之間的感情。最好的方式還是AB型人主動來靠近你，這樣的距離就是安全距離。

如何與AB型異性相處

與AB型異性的相處之道——如果你是A型的人

AB型身上散發著一種安詳感的味道，他們似乎是天生的與世無爭，能夠讓你在紛雜中尋找到一絲安定，這就是A型的人對AB型著迷的原因。事實上，AB型遠遠沒有表面上看到的這麼平和，其實他們也是暗裡洶湧澎湃只不過表面看起來波瀾不驚。

A型男性和AB型女性的組合並不是一個完美的組合，A型的男性容易忽略到AB型女性的存在。他們往往感受不到女生的心中所想，也沒有足夠的耐心對待她們，使AB型女生沒有存在感。其實，AB型女性是很好的對象，如果A型的男生想找到理想的伴侶，那麼不妨溫柔耐心地傾聽AB型女性的真實所想。

A型女性對AB型男性表現出溫柔的一面。AB型的男性不喜歡自己受到批評，也不喜歡遭到質疑。即使是有益的勸告，也要以溫柔的言語去打動他們，而不是一味的發牢騷，不在乎AB型男性的感受。

和AB型異性戀愛攻略

AB型人想像力豐富、開朗，具有正義感，故很容易得到A型人好感。但真正建立親密關係後，A型血的人發覺AB型血的人似乎對自己沒有誠意，經常說一套做一套，拿自己當「猴」耍。其實，並不是他們沒有誠意，只是他們習慣修改自己的邏輯。

AB型人的觀察能力很強，當你還未感覺到客觀變化時他們已經感覺到了，所以做了修改。例如，當你們說好去看一場電影時，AB型人卻臨時變卦，放你鴿子。你追問為什麼時，他會說：「當時是這麼想的，可是現在變了。」這種情況還算好的，有時候AB型人根本不給你解釋，早就消失得無影無蹤。即使這樣，你也不用擔心，也許某個時候他又會突然出現在你身邊，就像突然離開你一樣。

對策

對AB型戀人要有耐心，不怕他反反覆覆，經常爽約。要知道，他們不出現一定有理由。如果過於猜忌，以為對方不喜歡自己，不重視自己，那麼戀情就有危險了。

與AB型異性的相處之道——如果你是B型的人

這兩類人在現實生活中容易成為夫妻或者情侶，但是更適合當普通朋友，因為二者的信任感很難建立起來。

B型的男性經常被AB型女性的魅力所傾倒，她們散發著一種與生俱來的異性魅力，使B型的男子情不自禁地陷入。B

型的男性還會發現 AB 型的女性身上與他有著太多的相同之處，所以總是深陷感情。

如果處理不得當，會遭到對方的拒絕。真誠地表現自己，讓對方看到自己可信賴的一面就能緩解對方的沒安全感，使局面有轉圜的餘地。

B 型女性總能發現 AB 型男性身上存在的不和諧因素：如表面看起來非常的淡然，但實際上猜忌心狠重、比較固執，這些都是 B 型女生所不能忍受的。因此兩個人的交往最好保持一顆平常心，不一定非要以情侶為目標，這樣 B 型女性更容易發現 AB 型男性身上的優點。

AB 型的男性也應該加強自己的反應靈敏度，同是修養自己的品行，讓自己的言行一致，這樣更容易打動 B 型女性的心。

和 AB 型異性戀愛攻略

AB 型人喜歡考慮他人的感受，B 型男能理解對方的想法，從這點來看，AB 型人和 B 型人是很合拍的一對情侶。

他們的愛情是輕鬆、愉快的。但是，AB 型人懷疑、依賴的個性，讓愛無拘無束的 B 型人感到頭疼，彷彿掉進痛苦的深淵。AB 型人在 B 型人眼中，儼然成了「怨婦（夫）」。

對策

對 AB 型人要包容一切，不怕他什麼都依賴著你，這其實是他愛你的表現。如果你愛他就包容他的一切，從生活習慣到脾氣性格，這樣你們的戀愛會更甜蜜。

與 AB 型異性的相處之道——如果你是 AB 型人

兩個人非常能夠瞭解對方，由於其性格特徵，都是表面看起來無欲無求，其實內心躁動不安的人。剛剛接觸時會有侷促感，但是相互接觸後會發現很容易溝通，對於彼此的思想也會有較深的感觸。所以，兩個人的相處不會有大的問題。

但是要注意，因為是同樣的星座，也容易出現同樣的缺點。如果不能理解和包容對方的性格，那麼兩個人的相處遲早會出現問題。當能夠意識到雖有相通之處，但是仍有不同的時候，能夠體諒對方，各退一步，那麼兩人的相處就會相對持久。

無論是男女，相處時一定要本著誠實的原則，不要自誇和吹噓，以對方對你的瞭解，一眼就能看出你的小動作。保持本性，平和的誠實的和對方相處，坦誠以待，那麼兩個同為 AB 型人才能夠保持較為長久的情誼。

和 AB 型異性戀愛攻略

AB 型人疑心較重，當兩個 AB 型人談戀愛時，起初有戒備心。他們會透過很多試探來瞭解對方是否愛自己，為什麼愛自己。一次次的試探令彼此感到不滿和厭倦。一旦度過試探期，感情依舊穩定，他們會認為對方是誠懇和可信賴的，就會全心全意地投入這段感情，會有浪漫、甜蜜的愛情生活。

AB 型人具有依賴性，他們喜歡依賴別人，但不喜歡被別人依賴。如果兩個 AB 型人在一起，一方一味地接受對方對他的依賴，會讓他感到疲憊；而一味地讓對方接受他的依賴，對

方也會感到精疲力竭。終究，這份感情會像風雨中的小船，搖擺不定。

對策

以一顆真誠的心對待戀人，不隱瞞，不撒謊，不試探，一心一意與他（她）相處，就會得到對方的真心相待。有時候，試探會讓真心愛你的人遠離你，真誠才會抓牢對方的心。

依賴是影響 AB 型戀人的最大隱患，如何平衡相互依賴關係，對他們來說非常重要。有人提議要他們分別獨立，其實很不現實。兩個人之所以走在一起，就是在人生的道路上相互扶持，相伴到老。只要 AB 型戀人掌握好分寸，不過分依賴，就能維持好這段感情。例如，偶爾獨立應付工作，偶爾獨立做出決定，偶爾獨立和朋友聚會等。

與 AB 型異性的相處之道──如果你是 O 型的人

在 O 型的男性眼中，AB 型的女性是非常具有女性化魅力的，他們喜歡這種類型的女生。但在與 AB 型女性的交往過程中，他們往往表現的是自己消極的一面，而非男性化的一面，這樣雖然 AB 型女性認為 O 型男性比較值得交心，但無法成為情侶，因為得不到安全感。因此，O 型男性一定要注意給對方展現自己自信魅力的一面。

O 型女性認為 AB 型男性是溫柔、體貼又細膩並且適合長期交往的對象，他們非常欣賞 AB 型男性自然流露的細膩的一面。當然，她們也不希望 AB 型男性表現的過為女性化，這樣會讓本來不是很女性化的 O 型感到不屑。AB 型男性不妨坦誠

以待，真實的展現自己的一面，不必虛偽以待。

和AB型異性戀愛攻略

戀愛初期，AB型人在O型人眼中是個完美的人，但相交時間一長，O型人發現AB型人並沒有想像中那麼完美，他們情緒化嚴重，多疑。

之所以出現這種情況，是因為O型血人與AB型血人有很大的個性差異。O型人易衝動，AB型人冷靜理性；O型人坦率，喜歡有話直說，AB型人卻喜歡拐彎抹角，壓抑自己的情感。更主要的是，O型人的粗心大意常會傷害內心敏感的AB型人，使他們缺少安全感。

對策

O型人要儘量仔細周到一些，照顧AB型人的感受，給他們安全感。用自己的熱情、自信接納和寬容他們壓抑、多疑的個性，用樂觀去感染他們，而不是進行冷戰。

AB 型人養生大揭祕

Part 4

AB型人有著怎樣的體質特徵

　　從整體情況來看，因為AB型人不能承受睡眠不足，所以體質較弱。大概由於AB型人愛思考，他們比其他血型容易感覺到身心疲憊，他們需要大量的睡眠來補充精力。如果睡眠不足，則會影響他們一天的工作效率。

　　AB型人性格內斂、穩重，談吐得體，說話能掌握分寸。AB型人談話時表情很豐富，他們擅長經由五官表達自己的喜怒哀樂的情緒，尤其是濃黑眉毛下那雙機靈的眼睛，時常透露出AB型人既理性又溫和的一面。但和A型、B型人一樣，AB型人在交談時，很少有手勢等肢體動作。

　　AB型人的協調能力強，這讓他們能夠在足球、排球等需要協作又需要個人表現的專案上充分發揮自己的能力。又因為他們平衡力強、反應敏捷，兼具A型人和B型人在體質上的優點，所以他們常常在體操、乒乓球等體育項目上也會獲得卓越的成績；AB型人擁有良好的生活習慣、優質的睡眠，再加上合理的飲食調劑，他們的體形大多圓潤、豐滿。

　　AB型人在健康方面而言，較易患缺鐵性心臟病。要注意內分泌系統、呼吸系統、腹部等疾病。易患精神分裂症，有遺傳傾向。

AB型人如何減輕身心壓力

　　AB型人不喜歡輕易暴露自己的內心世界，所以很容易集聚壓力。儘管他們的抗壓能力比一般人強，可是因為他們的情緒比較難以釋放，一旦壓力出現，就會做出讓人意想不到的舉動來。

　　AB型既有比O型更冷靜的一面，也有隨心所欲、喜怒無常的一面，其性格的雙重性，使得其在情緒上也表現為兩面性：他們有兩條情緒曲線，一條如B型，既無明顯起伏，又無明顯的極限點；另一條則雜亂無章，會隨時間和場所自由變化，令人捉摸不定。下面是一些緩解壓力的方法：

　　生活中，我們可能會產生程度不同的壓力，如果壓力長期積聚在心中，就會影響腦的功能或引起身心疾病。因而，我們要及時排解、情緒應該宣洩，但宣洩應該合理。

　　當有怒氣的時候，一不要把怒氣壓在心裡，生悶氣；二不要把怒氣發洩在別人身上，遷怒於人，找替罪羊；三不要把怒氣發洩在自己身上，如打自己、咒罵自己，甚至選擇自殺的方法當做自我懲罰；四不要大叫、大鬧、摔東西，以很強烈的方式把怒氣發洩出去。因為上述所有做法不但於事無補，反而會使問題進一步惡化，給自己帶來更大的傷害。

所以很多時候，只要我們找到有效的途徑緩解壓力，心情就會感到舒暢。當你感到有壓力的時候，不妨試試以下方式：

一、要建立自己的「支援網路」

不論任何時候，家人和朋友都是幫你緩解壓力的最堅強的後盾和最牢靠的庇護傘。朋友們發自內心的關心和問候會讓你覺得在這個世界上，不管發了什麼事，你都不孤獨。所以，平時建立一個自己的「支援網路」系統很重要，當你面臨壓力的時候，你就不必獨自煩惱了。

二、多做運動

如果你喜歡運動，可以在壓力巨大時拼命跑步，使勁打球，或者打沙包──把給你施加壓力的事物想像成沙包。

三、聽音樂

感到壓力時，可以聽聽讓人愉快的音樂，音樂會把你帶入另一個時空，然後，你會發現讓你不快的事情可能已經沒有那麼嚴重了。你也可以到 KTV 裡大聲唱歌，不管你有多大的壓力，它都會隨著你的歌聲衝上雲霄。

四、瘋狂「書寫」

把不滿情緒盡情地寫出來，想怎麼說就怎麼說，能怎麼解氣就怎麼罵，可是寫完後，要一把火燒掉。你會發現你的氣也化作雲煙了。

五、哭泣也是一種釋放壓力的方式

當過度痛苦和悲傷時，放聲痛哭比強忍眼淚來的好。

六、不要拿自己的錯誤來處罰別人

有些人當自己受到冤枉或不公正待遇後，也冤枉別人或不公正地對待別人。事實上，當你傷害別人時，自己會再次受到傷害。

七、不要拿自己的錯誤來懲罰自己

何謂好人？如果交給他做10件事，他能做對7、8件，他就是好人。顯然，這句話潛藏著另外一層含意，就是好人也會做錯事，好人也會犯錯誤。所以，好人做錯了事不要緊，犯了錯誤也不要緊，只要認真地找出原因，記取教訓，改進就好。

八、多吃一些抗壓食物

研究發現，含較多Ｂ群維生素的食物可以使人精神亢奮，如糙米、燕麥、全麥、瘦豬肉、牛奶、蔬菜等。含硒較多的食物可以增強你的抗壓能力，如大蒜、洋蔥、海鮮類、全穀類食物等。

九、每天補充一粒維生素Ｃ

維生素Ｃ能夠有效消除壓力，現代人絕不可忽視這個減壓的好方法。

AB型人在健康方面容易出什麼問題

　　AB型人比較敏感，因為身體血液中包含著兩種相對的抗原，所以在易患病症的危險上，表現出複雜性。

　　1、AB型人極易感染急、慢性呼吸道疾病，要想降低感染率，在飲食上最好注意以下幾點。

　　♠宜多食高熱量、高蛋白和維生素含量豐富的食物，如牛奶、海魚、某些新鮮水果等。

　　♠最好忌菸酒，因為菸酒對呼吸道刺激非常大。

　　♠儘量少吃辛辣刺激性食物，如辣椒、生薑、洋蔥、韭菜等。

　　♠如果有哮喘跡象，應避免進食生冷、鹹寒、油膩食物，如梨、荸薺、生菜及海味等。

　　♠感染過敏性哮喘後，應忌食魚、蝦、牛肉、牛奶、雞蛋、公雞肉、蜂蜜、巧克力、羊肉等食物，以免誘發疾病。

　　2、AB型人群患高血壓的機率明顯高於其他血型。為預防高血壓發生，AB型人應注意下面各項。

　　♠控制食鹽的攝入量，每天最好少於6克，以降低血液黏

稠度。

♠減少膳食脂肪的攝入量。脂肪是造成血液流變慢的重要原因。

♠多進食蛋白質、纖維素食物，多吃蔬菜和水果，攝入足量鉀、鎂、鈣。

♠應戒酒或嚴格限制飲酒。

♠要控制體重，通常體重越重，患高血壓的機率越高。

♠保持健康的心理狀態，減少精神壓力和抑鬱。

3.有人類「第一殺手」之稱的冠心病也極易光顧AB型人。AB型人血液中膽固醇含量高，所以一旦心臟受損，症狀多較重，發生心肌梗塞、心臟性猝死的比例也明顯較高。因此，飲食對於AB型人來說就顯得格外重要。有很多食物，如檸檬汁、大豆及大豆製品、魚油、亞麻籽油和核桃等，對稀釋血液、降低膽固醇有非常好的效果。

此外，由於AB型人群個性比較冷靜沉著，神經反應較敏捷，因此患精神分裂症的機率比其他血型高出3倍之多。在缺血性心臟病病人中，也以AB型者居多。

AB型人養生建議食譜

　　AB型為最晚出現，也是較稀少的血型，這類人擁有部分A型血和部分B型血的特徵。他們既適應動物蛋白，也適應植物蛋白，對於飲食及環境的變化能夠隨機應變。但其消化系統較為敏感，每次宜少吃，但可多餐。豆腐、乳製品也是很好的選擇。

　　AB型血的人胃酸少，不易消化肉類。雞肉、牛肉、豬肉等不適合他們，最宜於AB血型人的肉類蛋白質是羊肉、蛋類以及魚貝類，特別是蝸牛肉，有預防乳腺癌的作用。

　　AB型血人的健康食品有海產品、雞蛋、豆腐、綠葉蔬菜、乳製品尤其是豆腐，多食無妨。

　　AB型的食譜要綜合A型與B型的特點，配合其消化系統脆弱的體質特點，其養生食譜更為精細化。

油菜

　　油菜富含維生素和膳食纖維，但脂肪含量很低，常吃油菜具有清腸通便、排毒養顏、強健身體的作用，十分適合消化系統敏感的AB型人。

蒜蓉油菜

【材料】油菜500克、大蒜50克

【調料】食用油、鹽、

【做法】掰開油菜，逐葉洗淨，將大蒜製成蒜蓉；將鍋放置火上，倒入植物油燒熱，加蒜蓉爆香，翻炒油菜；等油菜快熟時，起鍋前放進適量的蒜蓉、鹽即可。

山藥

AB型人多吃山藥可以促進消化功能。因為中醫認為山藥性平、味甘，不甜膩不乾燥，入肺經、腸經、腎經，具有除濕、健脾、補腎、益精等多種功效。

山藥糕

【材料】山藥500克，金糕、棗泥、馬鈴薯各200克，白糖250克。

【做法】將山藥、馬鈴薯洗淨，去皮，蒸熟。取出涼後，再將兩者合拍成泥，混合後均勻分成3份。將準備好的金糕用刀抹成泥狀，摻進白糖。再用一塊濕布，將3份山藥馬鈴薯泥分成薄薄的三層，然後在下面兩層山藥馬鈴薯泥上各加一層金糕泥和棗泥，共5層。將山藥糕切成小塊，撒上白糖即可食用。

豆腐

豆腐富含高蛋白，含有豐富的卵磷脂、不飽和脂肪酸和多種人體必需的氨基酸。AB型人多吃豆腐可以保肝護肝，促進新陳代謝，增強免疫力。

番茄豆腐羹

【材料】番茄200克，嫩豆腐150克，豌豆粒50克，食用油、雞精、白糖、水澱粉、鹽。

【做法】將豆腐剁成末，放入沸水中泡1分鐘，撈出瀝水；將番茄、豌豆洗淨，把番茄切成小塊，剁碎盛好；鍋放置火上，添加適量植物油燒熱，放入剁碎的番茄，再加上調料雞精、鹽、白糖，將番茄炒成番茄醬後，盛出。在鍋中倒入適量涼開水，加入雞精、鹽、豌豆粒、豆腐沫，燒沸入味，用水澱粉勾芡；再放入番茄醬調勻，最後放入雞精調味即可起鍋。

AB型女生美容養顏攻略

相較於其他血型的女生來說，AB型女生的免疫系統要弱些，所以在氣候稍稍有所變化的時候，她們更容易患感冒之類的小毛病。鼻塞眼乾喉嚨痛，當然也就美不起來啦！所以，AB型更需要花些心思在肌膚護理上面！

♠要注意加強自己的保暖以及各種體育鍛鍊，增強自己的體質。AB型的女生，往往是各種流行性疾病首當其衝的對象，因此各種健身鍛鍊相當有益。

♠要注意預防感冒。對於AB型的女生來說，各種富含維生素的蔬菜水果非常重要，尤其是像柳丁之類，對預防感冒非常有效哦！

♠洗臉時宜用去汙力較強的洗面乳，以保持皮膚的乾爽，使皮脂腺暢通並能正常溢出，防止毛囊炎發生。

♠找尋適合自己的護膚產品。AB型的女生喜歡自然美，討厭臉上一層又一層塗很多東西。正是因為對護膚品的不講究，所以也不會亂買亂用。但是隨著年齡的增長，我們還是需要護膚產品呵護的。你不妨嘗試著買一些安全性高無香精、無酒精的天然護膚品。

♠要注意避免出現失眠和熬夜的現象。AB型的女性很容易因此而產生疲勞感，也會造成臉色差等問題。

AB型人減肥大法

下面介紹給AB型人的幾項減肥方法，供大家參考。

♠AB型人要減肥，最適合吃的水果非葡萄柚莫屬，它能幫助消化，分解體內脂肪，削下來的果皮更可放入水中浸浴，真正達到由外而內的瘦身目的。

　　♠太極拳、瑜伽、氣功等舒緩定神之類的運動也適合AB型人。

　　♠較易出現冬季單純性肥胖，為減去多餘贅肉，打造完美身材，可多運動，例如，晨跑，飯後散步，站著看電視，多做家務等。

Part 5

AB型人家庭生活小提示

AB型人對待家庭的態度

　　AB型的人比較渴望結婚，但是他們對於成立家庭並不在行，他們很難找到合適的人選去結婚。越是在關鍵的時刻，越容易迷失。總是很難找到方向，如果遇人不淑的話，就會誤入歧途，與自己的目的漸行漸遠。

　　其實無論是什麼樣的家庭，AB型人都會很喜歡。他們並不講究家庭的生活方式，他們樂於去接受一個家庭，他們愛的是這個家庭的實質，而不在於其表面。這與他們從小與他人的莫名疏離有關，其實在他們的內心是渴望有一個溫暖的家，有一個可以被他們完全信賴的港灣。

　　他們很在乎家人的感受，雖然不善於表達，但是他們的行動總是洩漏了他們的內心，淡定的性格在面對家人的時候總是會變成喋喋不休或者患得患失，他們樂於為家庭去拼搏去奮鬥。在人們看來，有的AB型的似乎不是很勝任家庭生活，但是幾年後，他們就像是脫胎換骨了一般，成為讓人覺得非常羨慕的好好妻子（丈夫）。

　　當然，有一部分AB型人並不是回歸到家庭中，這與他們身上另一半的疏離性格有關係，這樣的AB型人不願意讓自己的小孩重蹈覆轍，所以會遠離婚姻和家庭。

 # AB型人如何處理夫妻關係

AB型丈夫 + AB型妻

一致性

理解對方的做法，容易相處。

看待事物的方式一樣。

判斷事物的標準一致。

相同的飲食習慣。

相同的愛好興趣。

相斥性

都好嘲諷他人，卻不願被批評。

情緒起伏大，不容易控制，易衝突。

急於解決問題，卻很難冷靜下來遇到問題時容易加劇矛盾。

可能傾向

易組成牢固的家庭，一般來說女性要較吸引男性一些。

婚後生活容易因為性格缺點發生矛盾，但是由於兩人有較多的一致性，也較為能夠彌補兩人的感情漏洞。

長久的相處和磨合易成為知心的夫妻。

對外力的抵抗性較差，需要可信賴的第三人的指點和溝通。

AB型丈夫＋B型妻

一致性
不是十分固執的人，不易產出矛盾。

二者的自由性和創造性相互和諧。

好獨立行動不干涉對方，給對方留有較大的空間。

相斥性
AB型本來好交際、好客和B型的不善交際易發生矛盾。

B型說話直白無禁忌易傷害到感情細膩的AB型。

過於獨立易缺乏協調性。

可能傾向
AB型丈夫和B型妻子在思想溝通上常屬於最佳組合，也是開展相互對話的有效一對.。

B型妻子很寬容，對AB型丈夫的興趣愛好多能持寬容和諒解態度，也能使AB型丈夫感到輕鬆、舒暢。

當B型妻子熱衷於事業而AB型丈夫需要其回歸家庭時，兩人易發生衝突。

A型丈夫＋AB型妻

一致性
各有分工，各司其職。

互不干涉，對自由的態度非常包容。

有童真和稚氣的一面。

相斥性

AB 型妻子不滿於 A 型丈夫的一些癖好。

對親屬關係的親疏有別，AB 型妻子較為淡漠。

AB 型妻子的感情變化較大，但是 A 型希望較穩定的生活。

可能傾向

易成為白頭偕老的一對，兩人能夠互相吸引。

兩人對家庭都很專心，尤其是 AB 型的妻子，所以能夠有較好的家庭關係。

如雙方不能相互理解時，容易發生衝突。

B 型丈夫＋AB 型妻

一致性

容易接受對方的想法。

都有幽默感，表達方式較為接近。

行動特性非常相似。

相斥性

難以輕易聽取對方意見。

AB 型追求穩健，B 型追求變化性的刺激。

可能傾向

從「相互理解」這一點來看，這一組合可屬於「最佳組合」。

雙方能夠相互理解，氣氛會較為輕鬆，有老夫老妻的感覺，但不會特別的甜蜜。

雙方都滿足於恬靜的狀態，擁有較穩定和安寧的家庭環境。

易形成較為封閉性的家庭，但內部關係融洽。

AB型丈夫＋A型妻

一致性

對日常生活事項均較為關心，興趣一致。

都重視人際關係能夠妥善處理生活問題，不樂意製造矛盾。

是互補的性格，能夠和平共處。

相斥性

對待親友的態度上易發生摩擦。AB型的冷漠易引起矛盾。

A型的固執與AB型的辯解容易產生隔膜。

為了減少家庭糾紛，總有一方要去示弱。

可能傾向

二者相互吸引，對彼此身上的陌生性格著迷，也能發現對方性格的美好之處，所以通常能保持良好的夫妻習慣。

二人容易在世俗習慣上產生衝突，調節不好也會是使夫妻關係產生危機。

AB型丈夫在這對夫妻關係的主導性較大。

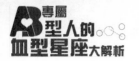

O 型丈夫 + AB 型妻

一致性

AB 型妻子喜歡 O 型丈夫的爽直。

樂意成為家庭主婦的 AB 型妻子，能夠使 O 型丈夫感到滿足。

兩人在注重人際關係上都有相通之處。

相斥性

兩人的思考方式不同：AB 型善於深廣和聯想的思考，而 O 型慣於直線思考。

兩人的飲食趣味不同，AB 型樂於精緻的飲食習慣。

O 型過於注重家族觀念容易使兩人理念不合。

可能傾向

兩人發生戀愛的機率非常高，彼此都有較強的吸引力。

當 O 型丈夫有充分的自信時，AB 型的妻子能夠接受溫柔熱情的 O 型丈夫，而 O 型丈夫也喜歡 AB 型妻子的情緒化，這樣兩人易有非常甜蜜的夫妻生活，反之則會出現窘迫的現象若能相互包容相互理解，極易成為穩固的一對。

AB 型丈夫 + O 型妻

一致性：

思考方式上具有互補性。

兩人相處有輕鬆感。

二者性格能夠相互協調。

相斥性：

表現愛情的方式不同。

興趣愛好的廣泛度不一。

兩人對待人際關係的態度上易產生分歧。

可能傾向為：

對彼此的期望過高，但是在實際的婚姻生活中發現並沒有想像中的完美，易產生失望情緒。

O型的現實性及充滿浪漫色彩的愛情表現傾向如和AB型喜好空想、富於情趣的傾向互相協調時，二者能夠成為較為協調的一對，反之就會產生矛盾。

容易在事業上和共同承擔家庭生活上達成共識。

AB型媽媽如何教育孩子

AB型媽媽具有「超強第六感直覺」。雖然她們一般都有很強的自我意識，內心充滿矛盾，澎湃不安，情緒多變。然而在和孩子在一起的時候，卻能很容易的洞察先機，知道孩子心中的想法。所以AB型媽媽很善於運用睿智的方法和不同血型自己的孩子進行溝通，並引導他們學習各種東西。

照顧孩子的方式

聰明的AB型媽媽絕少會溺愛或縱容自己的孩子，在和自己的孩子相處時，她們理性加感性的母愛方式，以及她們巧妙冷靜的方法，總是能讓自己的孩子從小就顯得與眾不同，知道如何做人的道理。

所以AB型媽媽的孩子大都會表現出忍讓和有禮貌的特點，他們很懂得愛自己的媽媽，小小年紀就會察言觀色，不會太任性撒嬌，以及去做不該做的事情，即使有時因為犯了錯而被媽媽處罰，孩子也總能以他的理智和懂事來應對，展現出不同於一般的乖巧成熟。

與A型孩子相處

A型的孩子十分感性，興趣廣泛，喜歡幻想。如果AB型媽媽能夠給孩子更多的耐心和引導，讓他從小有機會和意識向著自己喜歡的方向發展，充分的發掘孩子身上的潛能和才華，就會使自己的孩子從小便展現出不平凡的才華。

同時，媽媽要注意教A型孩子多多學習新鮮事物，不可以固執或者鑽牛角尖，不妨試著運用一下幽默的方式開導孩子，無論是生活還是學習都能夠經常的給予他鼓勵和肯定，同時也要督促他多和小朋友們交往，有意培養他樂觀開朗的性情。

總之，由於A型孩子的乖巧和善解人意，常常弄得媽媽很開心。因此母子雙方都是彼此喜歡和依偎，相處起來十分融洽。

與B型孩子相處

B型孩子很容易能獲得AB型媽媽的寵愛，因為B型孩子很善於表達情感，個性爽朗，活潑可愛，聰明樂觀，而且反應極快，所以博得媽媽的歡心從來不是件難事。而經過媽媽悉心撫養和教導的B型孩子，也能輕易就俘獲眾人的喜愛。

與O型孩子相處

O型孩子在AB型媽媽眼裡常常是個可愛又可氣的小傢伙。因為天性頑皮而固執的O型孩子，經常會因為自己的淘氣而不

時地闖出一點小禍，真是讓人傷透腦筋。但是 AB 型媽媽一定要保持冷靜理性，不能輕易發飆，因為嚴聲厲色往往只會令性格倔強的小孩子更加叛逆，甚至也極有可能更加頑皮，闖出更大的禍來。

所以媽媽在和 B 型孩子相處時，可要注意方法，與嚴厲的教育比起來，幽默式的引導反而會收到意想不到的效果，也常常能讓固執的 B 型孩子自己想通。

與 AB 型孩子相處

AB 型孩子天生就具有那種「小大人」式的獨特氣質。他們聰明而且富於理性，就有著很高的自我期望，這讓 AB 型孩子從小就表現出超凡的獨立性，他們希望能有更多獨立的空間，所以很不喜歡媽媽每時每刻都盯著自己，這會讓他感覺無比的束縛。

如果媽媽能注意鍛鍊小孩子獨立處理問題的能力，儘量不要過多的干涉他，孩子就一定會做得讓人意想不到的出色。而對於 AB 型媽媽而言，孩子似乎總是滿腦子的稀奇古怪的念頭，要照顧好他必須要充分調動自己的理智和冷靜，當然也只有富於理性的 AB 型媽媽才能搞定我們可愛的 AB 型孩子。所以，AB 型的媽媽和 AB 型的孩子真可謂是天生一對完美搭檔。

AB型人在生活中的奇異表現

AB型人大多有助人型人格，也具有嚴重的依賴心理。從小到大，AB型人總是尋求「靠山」。小時候依賴父母，上學時依賴幾個知心好友或同學，談戀愛時依賴對方，工作時依賴同事或上司。

從他們身上，AB型人能得到莫大的好處，不管是經濟上，還是情感上，抑或能力上。AB型人的這種「求助」方式很可行，總比個人奮鬥來得容易。但是，對他人而言，一直被依賴會成為一種負擔。

蘇珊是位AB型的年輕婦女，當她的垃圾處理裝置出毛病後，她打電話給好朋友瑪莎，問她怎麼辦。訂閱的雜誌期滿後，她也去問瑪莎是否應該續訂。有時她不知晚飯該吃什麼時，也打電話給瑪莎問她的意見。瑪莎一直像個稱職的母親一樣，直到有一天出了亂子。

那天，瑪莎的兒子摔了一跤，手臂劃了一道傷痕，需要縫針。蘇珊又打電話問問題了。由於非常疲倦，瑪莎嚴厲地說道：「天哪！看在上帝的分上，蘇珊，妳就不能自己想想辦法嗎？就這一次！」說完就掛了電話。

蘇珊對瑪莎的拒絕感到迷惑不解，她說：「我還以為瑪莎

是我的朋友呢。」

　　依靠他人施捨來的幸福最不可靠，因為他人會隨時取回這樣「恩賜」。為人一世，應當及早明白做人要靠自己的道理，將依賴拿走，同時也減輕被依賴者的負擔。

　　擺脫對別人的依賴心理，靠自己創造自己的幸福，應該從以下幾個方面著手：

　　1、制定一份「自我獨立宣言」，樹立獨立的人格，培養自主的行為習慣。用堅強的意志約束自己有意識地擺脫對其他的同事和上司的依賴，同時自己要開動腦筋，把要做的事的得失利弊考慮清楚，心裡就有了處理事情的主心骨，也就敢於獨立處理事情了。

　　2、樹立人生的使命感和責任感。沒有使命感和責任感的人，生活懶散，消極被動，常常跌入依賴的泥坑。而具有使命感和責任感的人，會有一種實現抱負的雄心壯志。他們對自己要求嚴格，做事認真，不馬虎草率，具有主人翁精神。這種精神是與依賴心理相悖逆的。選擇了這種精神，你就選擇了自我的主體意識，就會因依賴他人而感到羞恥。

　　3、當你充滿信心去實踐自己的主張時，不要太依賴外界的幫助。當你遇到困難時，不要輕易向別人求援或接受他人的幫助。

　　4、消除身上的惰性。依賴心理產生的源泉，在於人的惰性。要消除依賴心理，首先要消除身上的惰性。要消除惰性，就得鍛鍊自己的意志。處理事情的時候，要果敢向前，說做就做，該出手時就出手；還得有靈活的頭腦，要善於思考，勤於思考。

AB型人的理財方式和消費習慣

AB型人的理財方式

AB型人，不喜歡占人家的便宜，對自己該出的錢，他算得一清二楚，一分也不會少出。借人家錢的時候，通常也不太計較利息，而且還很健忘。所以，在他們感到分文無有、走投無路的時候，可能會有一筆「意外」的財富降臨。

AB型人常會預留一筆錢在身邊，而且，他們平時也常會有意外的小收穫，比如隨興買的飲料可能會中獎等。所以，即使他們再怎麼花錢，也不至於山窮水盡。

AB型人多比較樂觀進取，在生意場上可謂是無往不利，而只要是錢，他們也沒有不賺的道理。他們在理財投資上多比較主觀，獲取投資情報的管道，主要是透過平時閱讀理財書籍、收看理財節目，以及自己從多方收集。他們非常相信自己的眼光，有時一出手就是大手筆，讓人為之咋舌。

鑑於以上幾點，建議AB型人可多儲備些黃金、珠寶和首飾，又能保值還不失體面。當然，要想賺取更多的錢，還需要

請專業的理財顧問給予專門的指導。

AB 型人的消費習慣

AB 型男性或女性，都是屬於勤儉儲蓄型的人。因此，在花錢方面都顯得比較理智。

1、AB 型女性花錢時都很謹慎小心，通常都會有計劃地花錢，不會奢侈浪費。這是因為 AB 型女性對世俗的慾望很淡，她們喜歡踏踏實實地走過人生，不喜歡浮華奢靡。所以，她們大多很會買東西，也往往能買到物美價廉的東西。

2、AB 型女性花錢的方式有時會比較奇怪。她們喜歡隨興的生活方式，因此，你若是看見她們身穿名牌衣服，卻搭配著地攤上買的皮帶或皮鞋，也就不足為奇了！

3、AB 型男性相當有經濟觀念。他們對錢算得很精，但也不至於小氣，對待朋友，也會大方地請客。但是由於他們對禮尚往來的觀念很淡泊，所以，他們並不希望對方回請或是耿耿於懷要去回報對方，因此，不瞭解他們的人，往往會產生誤會。

4、AB 型男性在購物上比較與眾不同，他們屬於收集性的購物型。對東西的價值觀，往往取決於本身的興趣，只要是他們喜歡的，儘管別人將它視為一文不值，他們都會——買回來，視之如珍寶，小心收藏。鑑於此，他們較 AB 型女性在購物上容易衝動，但基本上都還算理智，通常都會有計劃地購買。

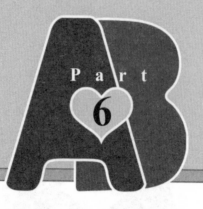

AB型人之黃道十二宮

AB型×白羊座

性格分析

眾所周知，白羊座是十二星座的領頭羊，具有領導風範是義不容辭的，再加上AB型人獨有的自信，就造就了這樣一個具有無限魅力的族群。此型的你，意志堅強，好奇心強烈，具有不服輸、迎難而上、大膽創新的精神，從不喜歡落於別人之後。當面對壓力的時候，戰鬥力十足，是屬於越戰越勇的類型。

你的自信心十足，甚至有些固執，無畏困難與艱辛，積極進取，但有時會因此而顯得很衝動。周圍的人會覺得你整天一副「天不怕，地不怕」的樣子，而且只要你下定決心，就算有「十頭牛」也拉不回，一定要達到你的目的，不然絕不會善罷甘休。

大多數的AB型白羊座的人脾氣都不是很好，一旦爆發，馬上就會變得像另外一個人，大家會感歎你怎麼會變臉如此之快，真的是有如「河東獅吼」。不過不用害怕，他們的脾氣也是「衝動型」的，絕對是屬於「3分鐘火氣」，馬上就會熄滅，然後仍舊會和以前一樣和你打打鬧鬧，玩玩笑笑，一個再適合

他們不過的詞——那就是「紙老虎」。

　　不過如果有人惹你生氣了，或是得罪了你，不用擔心，你是絕對不會放在心上的，很快便跟沒事人一樣，該怎樣就怎樣，你是從來不懂得記仇的。你很少去計較一些事情，總是大大咧咧的，感覺很粗心，但在照顧人這方面卻又顯得很細心。你做事不拘小節，從不拖泥帶水。

　　AB型白羊座的你很重視朋友情誼，絕不會背信棄義，對真正在乎的人可以兩肋插刀，付出一切。即使一旦有人背叛或傷害了你，你也只是嘴上說恨，藉此來發洩一下，但心裡卻還會始終放不下那個傷害過他，背叛過他的人。對於感情你是優柔寡斷的。

　　你是屬於慢熱型的，從未接觸過他們的人會認為你是那種從骨子裡都很斯斯文文的人，但一旦在一起時間長了，就會覺得你真的是活潑開朗型的。雖然這樣，你也會不時從骨子裡透出一種悲傷，甚至因為這樣一種悲傷而自虐，要問你為什麼會這樣，但你自己也不知道所以然。所以有的時候，就連你自己也不禁懷疑自己是不是有多重人格。

　　AB型白羊座的男人屬於典型的大男人主義，不允許別人用同情的眼光來看待他們，所以他們一定會靠自己的努力成功，而AB型白羊座的女人是屬於女強人一類的，不甘心當全職太太，她們一定要有自己的事業。

　　不過AB型白羊座的你做事很容易走極端、愛激動、缺乏紀律觀念。內心的激動常常表露無遺，很少顧及到後果，想什麼就做什麼，不會經過大腦。還不會滿足於平淡無味的生活，

渴望靠自己的奮發拼搏出人頭地。通常具有挑戰性的事情，你都會隨時表現出極大的興趣，即使失敗了，也不會氣餒，因為你信奉永不言敗。

會得貴人相助而成功，有種自然而像貴族般的舉止，眼光銳利，有過分注重儀表的傾向，缺乏耐心，要抑制這種傾向才好。

還有，AB型白羊座最有魅力的一點，就是不論男女都是很有品味的人，很非常注重外表，會把自己打扮得光鮮亮麗，閃耀動人。

溫馨小提醒

衝動是魔鬼，經過深思熟慮再行動。

白羊運勢

AB型白羊是人才中的佼佼者，在年輕的時候就才華橫溢、令人矚目。缺點是不夠耐心，對某件事難以長期的關注。因為這個缺點，經常造成家庭成員間的矛盾。

AB型白羊在人生的前半期運勢很旺，無論在官場職場都能年輕有為。但因為沒有持久的耐心，到了人生的後半段運勢逐漸下滑。如果不改正沒有耐心的缺點，可能人生運勢一般，但若透過自己的努力，培養專心致志的精神，並能夠靈活變通，AB白羊的人生便一帆風順。

在人際交往方面，AB白羊因為性格衝動，很容易和別人

起爭執。所以 AB 白羊要注意控制自己的情緒,與人為善,以和諧交際為原則,那 AB 白羊就會擁有不錯的人緣。

溫馨小提醒

培養自己的耐心,才有做成功事的可能。

職場命運

　　AB 型白羊座的你,天生便具有領袖氣質,凡事必喜爭第一。遇到困難從不畏懼,不允許自己向任何逆境低頭,「迎浪而上,我有我色彩!」便是你一直追隨的精神。所以在所謂的「上戰場殺敵」的競爭激烈的職場生活中,AB 型白羊座的你通常都會盡揮「過五關斬六將」的氣魄,達到期望的目標,得到上級的賞識。

　　但 AB 型白羊座的你最缺乏的便是耐心,最害怕別人的嘮嘮叨叨,而且很容易因此而發脾氣,動怒,自己卻像沒事人一樣不放在心上,殊不知就是因為這樣的瑣碎的事而得罪了不少人。

　　AB 型白羊座的你,身處職場通常會把同事關係當做類似「哥兒們」的情誼,與同事無話不談,把同事當成自己推心置腹的人,卻不知道他們是否也把自己當做「自己人」。只是自己一廂情願的認為別人也是和自己一樣,不會去計較什麼的。正是因為這樣,可憐的 AB 型羊兒們就會在莫名其妙中得罪很多人。

溫馨小提醒

害人之心不可有，防人之心不可無，對其他人留個心眼。

贏在職場

AB型白羊座十分聰明，反應敏捷，處理工作高效有序。AB白羊座領導人，能夠應對激烈的競爭和工作壓力，可以充分發揮白羊座的個性優勢。最好能夠自己創業，或在大企業中尋找發展的舞台。若是屈居他人下屬，要想發揮自己的才幹可能會很困難。

因為AB型白羊座生性活潑開朗，所以很適合與人打交道的職業。比如公關、顧問、政治家、出版人員、廣告文案者、演藝人員、美容師等。值得注意的是，AB白羊具有很強大的第六感，如果充分發揮第六感的作用，會給自己的職業生涯帶來許多機遇。

溫馨小提醒

好好把握自己的機遇，不然空有才華卻得不到發揮。

社交技巧

個性耿直，容易敵我分明，很容易得罪人，和自己不喜歡的人往往很難交朋友。熱愛運動，經由參加運動社團或團體活

動，可以拓展自己的交際範圍。給 AB 白羊的建議是，可透過音樂、美術等藝術活動，擴大自己的興趣層面，進而獲得更多的人際交往機會。

最容易和處女座、天蠍座、雙魚座產生矛盾，最好不要和這些星座的人單獨相處，可以透過團體活動接觸。

溫馨小提醒

個性太直容易得罪人，做人要適當彎曲一下。

財富密碼

AB 型白羊座的你似乎不喜歡追逐金錢，你對財富沒有很大的野心，但即使這樣你似乎也不會成為窮困潦倒的一族。因為你很善於理財，雖然沒有大的財富，也會過得很富足。

你也會有很拮据的時候，因為 AB 型白羊座很注重外表打扮，所以在外在裝飾方面會花費相當多，還特別重朋友義氣，所以和朋友在一起的時候通常都會搶著付錢，在交際應酬方面的花費也會佔據很大一部分。

因此，AB 型羊兒們要注重開「源」截「流」，這裡的「源」呢，即是指發揮自己的「小腦筋」，廣開財路。而「流」呢，便是流財，即是指要儘量避免不必要的開銷。

溫馨小提醒

多存下一些資金，然後合理運用這些財富來創造更多的財富。

戀愛攻略

AB型白羊座的你通常都是愛恨分明的，不過雖然這樣對於你的天性來說，愛是深刻的，憎恨，其實是心裡從未有過的。你會死心塌地得愛一個人，卻無法因為曾經愛過的人的欺騙或是背叛而去恨。很好強，表面上會裝得很無情，會表現得不在乎，很堅決，卻不知道其實在你內心深處是多麼的在意，是多麼的痛苦。

AB型白羊座的你很單純，沒有心眼，在談戀愛時也都是很直爽的，從不會欺騙他人的感情。但是你的愛似乎來勢兇猛，去時也迅速。一旦是AB型羊兒們無可救藥地愛上了的話，那就會不顧一切，哪怕會遭遇猶如飛蛾撲火結局的愛情，即使自己被摔得粉身碎骨，遍體鱗傷，也會愛得徹底，心甘情願。

AB型白羊女脾氣不是很好，有時甚至很倔，所以她們時常是口是心非的，喜歡說反話，明明愛一個人卻總會說一些讓對方誤以為不愛的話。如果有天她們真的主動說喜歡一個人的話，那麼她們就是真的喜歡上了那個人，如果有天她們真的主動說愛上一個人，那麼她們就是真的會付出一切地去愛那個人了。

AB型白羊女的性格活潑，開朗，雖然她們很男孩子氣，很大大咧咧，但要她們真的說出「愛」字其實是很難的，所以這就需要給她們製造浪漫的氣氛，讓她們在感動的時候投降。

表面堅強的她們其實內心很脆弱，往往會以為一些小事而

傷感，一個人躲在被子裡哭泣。她們還有一些大女人主義，很霸道，不講理，所以想要制服她們的最好的辦法就是你比她更霸道，比她更不講理。

AB型白羊男對於愛情都是很直接表現的，他們不會隱藏自己的內心，總是很容易就表現出自己熾熱的愛意。因為他們還有一個很重要的特徵就是天真，所以很容易去相信一些事情。雖然白羊男很喜歡追求目標，但是他們並知道如何相處，在相處的過程中，他們經常會傷到自己的另一半。

所以，當我們回頭看來，AB型羊兒們的衝動、勇敢、但不太能持久的激情，粗獷的心思，所有的一切都不過是同一個特性在不同時期的表現而已。這也就是為什麼他們的愛情故事總是充滿著峰迴路轉的戲劇性。

溫馨小提醒

拋棄你內心深處對於情感的天真想法，經過感情的歷練你才能變得成熟。

婚姻家庭

AB型白羊座的你，作為女孩一般都很早結婚，但有的受家庭影響，年輕的時候不得不拒絕戀愛，拒絕婚姻。等到適齡的時候雖然對感情徒生嚮往，但畢竟最好的時光已經過去，對感情已經不容易把握了。

AB型白羊座的你熱情衝動，戀愛通常會比同齡人要早，

也經常迫不及待地步入婚姻殿堂。但是，由於少不更事並且沒有時間讓雙方進行深入徹底的瞭解，所以婚姻生活很容易出問題，偏巧你又脾氣火爆，更容易將小事化大。

還有，你對於事業的野心都不小，當在外打拼時，其旺盛的鬥志和蠻幹的勁頭，也容易會招惹爛桃花的垂憐，你又頗享受照單全收的感覺。以上兩項原因加在一起，使得婚姻有著易於搖撼顛覆的特性。

AB型白羊座的你，婚後半年會產生危險期，家務和權力的分配，必定會在家庭裡引起不小的風波。若先生或太太性格溫順，能依著你，倒還相安無事。但若不然，依你爭強好勝的衝動性格，必定會把矛盾越鬧越大。

若不想從新婚族變成「閃離族」，AB型羊兒們和伴侶都應學會謙讓，共同承擔家庭責任與義務，有話好說才是上策。

溫馨小提醒

稍稍收斂你的熱情，表現得適當含蓄一些，遇事要沉著冷靜，在繁忙之餘也應多花點心思去經營你們的婚姻。

最佳速配

AB型白羊的理想伴侶是勤懇踏實，積極上進，遇到任何困難和挫折都泰然自若，是能讓人依賴，讓人安心踏實的人。他也是喜歡運動會玩的人，看似玩心很重，實際上有很強的責

任心，對任何事都善始善終。如果對方性格幽默加上長相帥氣，對 AB 白羊來說是再完美不過了。

人緣很好，深受大家喜愛，但謙遜得體不自傲，他們靠自己的努力為自己打拼。以客觀的眼光看待對方，對對方做出實事求是的評價，是 AB 型白羊的理想伴侶。年齡的差距不會成為 AB 型白羊與另一半的感情問題。但如果差距在二、三歲之內，AB 型白羊與理想伴侶的幸福指數會更高哦。

健康驛站

AB 型白羊精力旺盛，體溫偏高，能夠承受強度較大的工作。在疾病預防方面要注意腦部、神經、眼、口腔以及腸胃等部位。在工作忙碌之餘要注意緩解精神壓力，建議去戶外打球或慢跑，呼吸新鮮空氣，充分活動四肢。若出門旅行，陽光充沛、有刺激性的戶外休閒活動是 AB 白羊最適合的休閒方式。

AB型×金牛座

性格分析

星座在金牛座的你，會有傾向於現實的性格，你的字典裡總是會有「計算」二字。總是能夠看到現實的利弊，然後找到適合自己的利益關係。而且最重要的特點是老成持重，給人穩重的感覺。

血型為 AB 型的你，理性與冷靜，看事物非常的準確，加上獨特的判斷力，使你看待事物的能力非常強悍。所以，AB金牛座的你給人的第一印象是嚴肅且難以接近的，雖然你思考問題非常周密，做事情非常細緻，待人接物非常老道，但會給人一種無法深交的距離感。

由於你的理性過於強大，在很多人看來你似乎是缺乏人情味，但是這並不是說你就是這樣的人，其實你是一個外冷內熱、人情味十足的人，你樂意去為別人帶來幫助，只不過這些都隱藏在你冷漠疏離的外表下。

如果因為你的外在原因而喪失了使別人瞭解你的機會，少了一個可以成為知心的朋友的人，豈不是得不償失。所以，你要正視自己的這個缺點。應該讓大家看到你溫暖而溫情的一

面，把自己的表情調整一下，多多鍛鍊自己臉上的笑肌，用微笑面對大家，讓別人能夠瞭解你的感受，明白你的心意。

AB 金牛座的你穩重踏實、崇尚和平，討厭暴力，討厭不公平，是會平和對待事物的人，金牛的性格是溫和而內斂的，所以很少能夠看到你暴躁和發脾氣的一面，加上 AB 型的冷靜，所以大多數的時候你總是保持著冷靜平和的狀態。當別人觸犯到你的時候，你不會屈服於任何勢力。對於自己認為正確的事情執著不已、據理力爭，你懂得只有用反抗才能反對不公正，而非一味的退縮忍讓。

你有著 AB 型的細膩和金牛的踏實，因此你的內心非常細膩，思維非常活躍，對於藝術有著自己獨特的理解。經常會表現出你豐富多彩、多才多藝的一面，讓人不禁對你刮目相看。你善於去學習，但是你更願意去學習與現實利益相關的事物，對任何事情都抱有興趣。

在做事之前思慮非常周密，你總是希望能夠在各方面都取得較好的成就，並且也為此付出巨大的努力。但這樣會使你讓人覺得你過於固執。

試著讓別人走進你的世界，瞭解你的內心。你不需要每一方面都去嘗試，只要做好你最拿手的，走到巔峰，這樣大家更能夠見到你的成就。

溫馨小提醒

你的理性讓你看起來似乎缺乏人情味。多展現熱情的一面，你會獲得大家的肯定。

金牛運勢

一生運勢都很強，具有其他星座所無法比擬的好運氣，一旦把握住機遇，就很可能獲得很高的地位。能否抓住機遇，關鍵在於中年之前在事業上所做的努力。AB型金牛座憑藉天生的吃苦耐勞，可以發揮強有力的領導能力。

AB金牛座的婚後運勢也很順。你會選擇一個顧家且能打理家務的理想伴侶，和對方情投意合，會用奉獻精神與愛心建立一個和諧愉快的家庭。

適當減少你的佔有欲，更圓滑地處世，你會更受大家歡迎。客觀對待他人的評價，培養廣泛的興趣愛好，要不斷提升自己。

溫馨小提醒

減少你的佔有欲，學會圓滑處世，運勢會更旺。

職場命運

AB型金牛座屬於勤懇，踏實的員工，但因為自己的靦腆的個性，常常將工作的不滿壓抑起來。不滿的情緒得不到宣洩，一旦爆發出來，就一發不可收拾，老好人的形象也毀於一旦。

所以，AB型金牛座要會做事，更要學會宣洩自己的情緒。和與自己志同道合的同事交流，在工作上學會說「不」，學會提出自己合理的要求，關鍵時刻學會隱身，讓同事和上司發現

自己的優點，在職場中就會有不一樣的成就感。

溫馨小提醒

在職場中學會說「不」，學會為自己做宣傳，讓大家更早地發現你的優點。

贏在職場

AB 金牛座的你有敏銳的判斷和理智，有善於學習和吸收知識的卓越能力。也似乎天生比別人更合適做各種各樣的工作，但是過於廣泛的涉獵不利於你的職業規劃。從事專門技術的工作，或是特殊的技能，一定會取得不錯的成績。

你的能力很強，但不是說你可以去做任何事業。對於美有天生的敏銳感和獨特的觸覺，所以可以去嘗試跟美有關的職業，比如說音樂人、畫家、設計師、廣告者、城市規劃者。另外，你性格中金牛座對於經濟問題的敏銳度可以使你在經濟領域大展拳腳。你非常重視經濟的概念，所以可以從事投資、實業、資本的經濟類的工作，你身上 AB 型的冷靜理智超群的判斷能力都會給你帶來非常大的收益。

你並不是天才，你的成功與你後天的努力離不開，所以不要總是隨便進入一個領域，你適合踏實的在一個領域內打拼，在你的領域中做出一番成就的時候，適合去拓寬事業領域，而不是重起爐灶。

溫馨小提醒

持之以恆，超越巔峰。選定目標，堅定不移，累積
實力，不要總是想要成為全才，成為專才更能夠讓
你的職業生涯更加輝煌。

社交技巧

AB型金牛座生性害羞，低調沉默，但內心潛伏著強烈的
激情。其他人只有在接觸了一段時間後，才能發現AB型金牛
座的優點。建議AB金牛座和他人交往時，主動將自己的優點
說出來，這樣，能讓他人更容易親近你。

AB型金牛座在工作上任勞任怨，就像老黃牛一樣，是個
名副其實的工作狂。在工作中的搭檔若也是金牛座，容易產生
共鳴，提高工作效率。AB金牛座不僅踏實肯做，而且懂得欣
賞他人。

溫馨小提醒

改變自己固執自負的一面，用心聽取他人的建議，
就會贏得更多的朋友。

財富密碼

金牛座的你，一向財運甚佳，金牛座與錢結緣最深，這就
是這個星座被稱為「金牛」的原因。你非常善於理財，這也就

是你很少會貧困的原因。但由於骨子裡 AB 型的因素在作祟，所以你很少能夠大富大貴，但積少成多是一定的。

你財運雖然非常好，但沒有偏財運和橫財運。所以必須要踏踏實實的努力賺錢，而不是憑投機和風險去取得財富，更不是憑不正當的途徑去取得錢財。只要你踏實肯做，一定會累積不少的錢財。

你非常喜歡財富累積起來的感覺，錢財的累積會讓你感到踏實。所以你愛好收集值錢的東西：比如鈔票、古錢，它們讓你有踏實的感覺。在累積的同時你要記得遏制住身體裡 AB 型液的不安定因素，踏實的工作，不浪費，這樣才能夠使你老有所蓄。

溫馨小提醒

雖然你的財運穩定，也要記住要適當花費，避免鋪張浪費。只要你能堅持積存，必然會有所累積。

戀愛攻略

AB 金牛座的你不喜歡轟轟烈烈的愛情模式，平平淡淡的愛情之路更讓你青睞。你會是一個溫柔的情人，對待愛人也會像春風一樣和煦，你們之間的感情也會是你想要的平和而穩定，簡單卻踏實。

你不喜歡一見鍾情的倉促，而更喜歡在慢慢地接觸中尋找出適合兩個人的相處模式，慢慢地品嚐愛情的芬芳和苦澀，一

同經歷愛情的快樂與傷悲。你不畏懼愛情路上的艱辛，只要認為是對的，你都會堅持著都下去，知道愛情開出絢麗的花朵，接觸甘甜的果實。

通常你選擇的愛人是自己所熟悉的，就像前面說過，一見鍾情不會發生在你的生活裡。陌生會讓你沒有安全感，讓你患得患失，不符合你平和的人生觀，你更傾向去選擇自己非常瞭解的人，能夠掌控的愛人是你的首選。

你總是會安靜的去觀察，對待有好感的人並不著急，而是更多的瞭解，等到時機成熟的時候你就會迅速的確定關係。這樣的戀人讓人有種心安的感覺。在這樣的情境下，你們之間的關係會越加密切。

你很少會主動尋找戀人，似乎給人的感覺有些被動。但當你確定了目標就會非常勇敢直白的講出。你的平常心和淡然心理讓你本能的會去逃避激烈的愛情，有時你也會嘗試一下，但是當你發現無法掌控和瞭解對方的時候，就會選擇放棄，你明白這樣的愛情不會讓你感到幸福，所以只有放手。

通常的你失戀的時候沒有過多的表現，看似平靜，但是內心卻傷痕累累。你不容易去遺忘掉過去的戀人，總是要花費非常的時間去走出傷痛。有時一些極端的事情也會出現在你的身上，這樣只會傷人傷己，因此不必太過於執著。

你是一個非常正統的人，你不會染指別人的男（女）友，更不會破壞別人的家庭，非常的理智，知道什麼事情該做什麼事情不該做，所以畸形的戀情很少會發生在你身上。

當你找到合適的愛人，就勇敢的表達吧。不要害怕被傷害，要相信你一定會碰上對的人，碰到能和你度過平淡流年的那個人。

婚姻家庭

　　AB 金牛座的你，從來不是一個盲目結婚的人，你非常清楚什麼樣的婚姻是你所需要的，所以你非常的理智看待婚姻。你並不會對婚姻過分憧憬，當然也不會盲目的悲觀，能夠非常實際的去考慮、規劃自己的婚姻生活。

　　你非常重視婚姻的經濟基礎，是一個現實的人，不是一個只要愛情放棄麵包的人，你希望兩者都存在。所以這個時候的你會對婚姻有一個非常細緻的客觀性評價，根據這個你才會選擇自己的婚姻生活。這既是你被人們詬病的地方：過分追求現實，不夠浪漫。也是你被稱讚的地方：有婚姻家庭責任感，不會輕易許諾，但一諾必定會實現。事實上，你非常會將浪漫融入生活之中，但你的前提是要有足夠的經濟基礎。

　　愛情和婚姻你分的非常的清楚，這也是你理智和現實的最大表現。你可能也因為愛情而迷魂過，但是最後還是會回歸到平實的婚姻生活中。你耐得住寂寞，守得住責任，會平靜的走完自己的婚姻，維護自己的家庭。

　　說到家庭，AB 金牛座的你是一個好的愛人，是一個好的

父親（母親），你對家庭充滿了責任感，是另一半忠實的伴侶，會給對方帶來無盡的安全感。你會竭盡所能為家庭而奮鬥，讓家庭因此也富足其樂融融。

你非常愛惜自己的家庭，雖然AB型的蠢蠢欲動讓你有時想要出軌，但是強大的責任感又會使你放棄這個念頭。你希望一個安定的家，這是你AB型中安全感的需要。你有時會陷入交戰中，但是總是理性占了上風。你不會背叛自己的愛人和家庭，反而會隨著時間的流逝，更加的深情和堅持。

你一定會找到能和你經得起平凡生活的愛人，當遇到時一定要敢於表達自己的愛。相親也會是你碰到結婚對象的途徑之一。

溫馨小提醒

在婚姻家庭中，一定要克制自己蠢蠢欲動的一面，保持自己愛家不變的初衷。

最佳速配

AB型金牛座的最佳速配是性格外向、善於交際的人，這類人在節假日絕不會宅在家裡，而是呼朋引伴，積極參加團體活動。他們往往是團體活動的組織者，善於尋找大家的共同話題，將聚會氣氛逐步推向高潮。雖然會玩，但也是具有強烈責任心的人。

容易輕信他人，要小心身邊人的陷阱。AB型金牛座要警

惕被這類人溫柔外表所蒙蔽，一定要經過長期的考驗，切不可
貿然地在一起。和意氣相投的同事或者旅遊認識的朋友深交，
會給AB型金牛座帶來意想不到的人生際遇。

健康驛站

AB型金牛座是典型的工作狂，經常忽略自己的身體狀況。
即使生病，也要硬撐著工作，因此必須避免勞累過度。要留意
甲狀腺、扁桃體等方面的疾病，改善飲食習慣，健康會有保障
一些。

放鬆情緒時，可聽聽古典音樂、做手工、看電影等，或者
和朋友出門去自助旅行，去遊覽歷史古蹟或者吃一頓美食，都
是不錯的選擇。

AB型✕雙子座

性格分析

　　有人開玩笑說AB型雙子座自己可以打麻將了。是的，雙子座AB型的組合，性格複雜可想而知。無論在任何情況下，你的內心總是不斷地在掙扎、衝突。

　　在各種場合下，你都能夠隨機應變，使得自己遠離尷尬的場面。也非常能夠適應各種各樣的環境，不會因為環境的改變而讓自己無法正常的生活。新點子不斷在你的腦袋裡萌芽，而且一旦有必要，你還可以將這些點子化為犀利的言詞，給敵人來一個措手不及。無論何時何地，總是忙碌地奔來走去，十分的樂於在自己的世界裡。但有的時候，你的快人快語會帶來周邊人的嫉恨。

　　你的性格趨向於多樣化，所以總是很難摸清你的性格。非常聰明，學東西很快，一件事只要你看一下就能抓到要領，而最大的本事還是現學現賣。你頗似孫悟空，有各種讓人想像不到的能力。但是很難靜下來去踏實地做一些事情，這也是你性格的弊端，讓無法給人產生穩重的感覺，雖然聰明有餘但是耐心不足，較難取得大家的信任。

　　總之，需要耐心等待結果的事你不喜歡做。過分好奇，又會讓人覺得你多管閒事；過於乾脆，又讓人感覺你是一個很隨便的人；過於謹慎，又會讓人感覺你總是捉摸不透。所以儘量的表裡如一，堅持下去，才能得到更多人的信賴。

溫馨小提醒

> 要想獲得更多人的信賴，就要堅持表裡如一。

雙子運勢

　　天生擁有不凡的實力，早年在事業上奮勇拼搏，依靠自己的實力在中年之後當上領導者。若在拼搏過程中遇上貴人，就會有功成名就的一生。

　　財運極高，但由於自身自尊心強、愛慕虛榮的性格缺點，稍不收斂，就會將錢財散盡。又因為自尊心強，所以很難向比自己強的人低頭。如果能虛心好學，團結合作，才能在人生這棵樹上結出更繁盛、更甜蜜的果實。

　　不安分的 AB 雙子座，在婚後較不會安守於自己的小家庭。建議從事與自己興趣相關的職業，發揮自己的實力。

溫馨小提醒

> 虛心好學，團結合作，才能獲得更大的成功。

職場命運

　　思維敏捷，腦子裡總是有很多新奇的想法冒出來。但因為AB型雙子座神經而又好動的個性，他們很難靜下心認真來做一件事。往往還沒等新主意付出實踐，又將注意力轉移到另外一個注意上了。這導致AB型雙子座很難將事情做成功。

　　冷靜下來，權衡利弊，克服心神難寧的缺點，做事情有始有終，認真用心，真正專注地發揮自己的想像力與創造力，AB型雙子座，定能在職場中取得相應的成績。

溫馨小提醒

真正專注地去做事，成功的機會會更大。

贏在職場

　　你適合不受拘束的工作，能夠最大限度地滿足你對自由的需要，更能激發你的潛能。這樣的工作會讓你免於枯燥和乏味，讓你在自由的世界中如魚得水，把工作做得風生水起。比較適合你的工作：自由職業者、記著、作家等，這些都不需要程式化，而是有很大的彈性空間能夠使你感到自由且有新意。

　　當然，你思維非常敏捷，反應非常的迅速，所以很適合語言類的工作。如脫口秀的主持人。但是由於你的定性原因，所以很難穩定的長期工作。

　　不論任何的工作都需要有一個堅持的過程，而這恰恰是你的弱項。雖然有的能力很強，但是若不能夠堅持，那麼以前所

有的付出都將為零。

要有常性，所有的成功都是一點一滴累積起來的：不積跬步，無以至千里；不積小流，無以成江河。成功離不開堅持。

溫馨小提醒

你良好的人際關係將是你發展事業的基礎，所以一定不能放鬆對人脈的累積。

社交技巧

性格活潑開朗，喜歡說話，善於交際。和陌生人能夠自來熟，經常是身邊人的開心果，人緣不錯。AB型雙子座為了贏得朋友的歡心，經常花很多錢在交際應酬上。他們的付出往往獲得很高的人際回報，會給自己的生活和事業帶來意想不到的機遇。

愛動腦筋、好奇心強的AB雙子座，對任何最新的資訊都瞭若指掌，這些資訊會成為和朋友交談的豐富的話題，無論在哪裡都受身邊人的歡迎。

溫馨小提醒

社交花費量力而行，才是掌握了社交的涵義。

財富密碼

你財運不錯，但是對錢財的觀念淡泊。有非常好的偏財運，而且好運總是持續不斷。

　　你在工作之餘所做的副業，經常能夠給你帶來大筆的收益，甚至比正業還要多，這樣能讓你衣食無憂。如果你可以合理安排自己的收支，那麼就能夠穩賺不賠，加上你對副業的靈活運用也能夠使你受益頗豐。

　　還有不要忘了良好的人際關係也會為你帶來不少的賺錢機會，能夠讓你賺上一筆的人說不定就在身邊。

溫馨小提醒

要養成良好的儲蓄習慣，不要對金錢過於看淡，這些是你老年生活安定的基礎。試著做長期的投資以確保老年無憂。

戀愛攻略

　　AB型雙子座的你，經常給人一種花心的感覺，這是因為你太容易變化的性格和太容易轉變的注意力有關。你時而瘋狂地愛戀，時而無影無蹤。你總是很理智地把自己脫開來，然後自認為深陷入其中。你總是感覺自己在每段戀情中都付出了全心全意，其實你只是將愛情看待成為一種遊戲，喜歡自己能夠游走於不同人群中的感受。你對自己的變化感到自豪，並且深陷於這種感覺無法自拔。

　　其實你本質並非如此，你只是不知道如何找到愛人，更不知道如何去相處。像個小孩子一樣，雖然並不是故意要對愛情如此玩世不恭，但你所表現出來的確實令人不敢恭維。你的天

性讓你無法在一件事情上保持長久的注意力，所以對待愛情時很容易厭倦和冷漠，這些都會傷了對方的心。當對方因此離你而去時，你又開始懷念在一起的感覺，認為對方傷害了你，認為他們不能夠包容你的個性。

你容易給人造成一種不負責任的愛情形象，瞭解的人可以理解這是你嚮往自由的本性。但是大多數人都會被人不耐煩的態度和玩世不恭的感覺所迷惑，對你產生誤解。

溫馨小提醒

與其不斷地尋找新的刺激，不如經營一個永恆的愛情，用你那可以發現奇妙的眼睛去發現平淡生活中的精采。

婚姻家庭

你並不喜歡婚姻，認為婚姻是一件會束縛自由的事情。選擇結婚，大多也是因為一時的好奇，想要去發現未知的事物，但一旦發現婚姻與你想像的不大相同，就會想要逃離。

你並不認為結婚是人生必經的一部分，在你看來婚姻並不能夠維繫一段關係，所以願意單身。但是如果你的對象能夠給予足夠的空間和自由，不去牽制你的生活，你會比較不去排斥婚姻。

你對家庭的責任感並不強，並不會像金牛座一樣很早就開始打算婚後的生活，也不會想到怎樣發展以後的婚姻家庭生

活，你還是活在自己的小圈子裡，認為自己就是生活的全部。因此如果無法碰到一個能夠包容你這種性格，能夠給你自由，不彼此束縛的人，就不要去結婚，否則婚姻會以悲劇收場。

婚後的你不會因此而停止以前的社交活動，家庭對你來說和以往沒有什麼不同，你沒有什麼家庭觀念，還是會我行我素。

溫馨小提醒

在你選擇婚姻家庭時，一定要慎重選擇能夠接受你瞭解你的人，你們的真心相愛才會帶來美滿的婚姻，否則會傷害到愛你的人。

最佳速配

AB型雙子座的最佳伴侶是和自己性情相似，志同道合的人。表面玩世不恭、實際擁有強烈責任心，會工作也會生活的人會和AB型雙子座一拍即合。另外，雙子座也重視外表，對另一半的要求一定要體面，言行得體，舉止優雅。

AB型雙子座極其反感佔有欲強的人，如果另一半處處都要求命令自己，那只會讓他們逃得遠遠的。

AB型雙子座嚮往自由，婚姻生活也無法束縛他追求自由的心。希望婚姻生活像戀愛生活一樣放鬆，在節假日休息時間，他們更願意外出和朋友聚聚或者去戶外旅行，而不是待在家裡陪家人。

健康驛站

AB型雙子座是大大咧咧，對細節不太在意的人，這讓他們容易忽視自己的健康問題。AB型雙子座也是容易神經過敏的人，要注意自己在神經系統方面的疾患，另外要注意呼吸系統的疾病。

舒緩壓力，可以與朋友聚聚，在歡鬧中忘掉煩惱。也可以去進行一場森林浴，體會自由呼吸的歡暢。雙子座是善於交際的人，四處旅行增加自己的人生閱歷，也會非常有意義。

AB型 × 巨蟹座

性格分析

AB型的巨蟹座你單純又隨和，感覺非常敏銳細膩，情緒變化多端，但自我傾向不強，和誰都可以相處得很好，不會輕易發脾氣，對自己不喜歡的人你也不會表現出你的厭惡。總是認為跟別人相處一定要有彬彬有禮、熱心助人，才能贏得別人的好感。不過雖然隨和，但在心理上對其他人有些防備，通常

也會因缺乏安全感而內斂，對陌生人表現得尤為明顯。

你非常害怕和討厭粗俗急躁的人，對於不喜歡的人寧願躲避，也不會和他起衝突。在家人和朋友面前十分自在，家庭是你的安全港，在家裡你能發揮出自己的幽默細胞和潛在的開朗型，甚至有時也會像小孩子一樣可愛。這也是為什麼說巨蟹座的人很居家的緣由。

你很有才華，充滿想像力和創造力，在專業領域能成為十分頂尖的人才。但多半情況下，你的競爭心不強，個性謙和有禮。不過對於自己非常喜歡的東西，還是會表現出巨蟹座人強烈佔有欲的一面，不會輕易放手。

你對人的關係是一般的交流，並不會有太深的交流。你想要保護自己，不想他人窺視自己的私生活。巨蟹座是十二星座中，防衛本能最強的一個，就像是星座的圖示一樣，緊緊地把自己隱藏在厚厚的殼中，非常看重自己私生活的隱祕性。

你的目的是在保證自己平和的心境而已，同時也怕被別人看透你的內心世界。當有人踏入你的內心時，你需要花費很長的時間才能平復自己的內心，雖然表面看起來毫不在乎，但實際上已經暗湧流動。

溫馨小提醒

讓別人多看見你的內心，真誠的待人，把自己的情緒表露出來，好好先生（小姐）也是不會開心的。走出困住自己的殼，不要懼怕傷害。沒有疼痛，怎麼對比出美好。

巨蟹運勢

AB型巨蟹座一生運勢平穩,屬於大器晚成型。年輕時不被重視,到了中晚年,隨著人生閱歷和經驗的累積,逐漸在事業上做出一番成績來。因為在工作上的不斷努力和全心全意的付出,所以贏得了很多人的信任。

AB型巨蟹座是非常戀家的星座,婚後,巨蟹女會成為賢妻良母,將家裡裡裡外外打點得妥妥當當,和子女、公婆的關係十分融洽。如果後來不顧家庭,那也是因為丈夫不忠。隨著歲數的增長,AB巨蟹與另一半的感情日益穩定。

溫馨小提醒

夫妻相處若從大事著眼,不糾結於小細節,會相處得更融洽。

職場命運

AB型巨蟹座的你工作十分努力,再多的工作也要求自己盡善盡美地完成,這樣容易使自己陷入過度勞累的怪圈。在工作時精神不振,心神不寧,脾氣暴躁,和合作的同事與客戶容易產生爭執,導致工作無法按照自己較高的要求完成,進而又通宵加班,使自己身心更加疲憊。

巨蟹座的你,如果發現自己陷入身心疲憊的狀況,不妨休個小假,在家徹底地輕鬆一下,享受家庭生活給自己帶來的愉

快心情。這樣在工作上會更加事半功倍，也會贏得同事和上司的喜歡。

溫馨小提醒

勞逸結合地工作，才能享受工作的樂趣。

贏在職場

你是一個現實主義者，總是一切以現實為主，絕對不會不切實際，也不會做虛幻而脫離實際的美夢。但是你在求職的路上常常遭遇到挫折，因為你擇業方面考量的重點放在家庭，愛家的你通常都不大願意從事離家太遠，或是長期在外跑的工作，所以選擇方面相對較少。但耐心與細心兼備的你，可以選擇從事服務業或是經營自家小店。這些都能夠使你實現自己的職業規劃。

你有時會過於敏感，往往會曲解他人之意，工作中因為這樣而造成的誤會尤其多。你要學習不要拒人於千里之外，當與人發生矛盾時，應該用自己的誠心和他人交流。就算自己所提出的計劃構想沒有獲得他人的支持，也不要一直放在心上。

作為AB型巨蟹的女性，你通常會因為家庭的因素而放棄事業。一旦你選擇了婚姻，你的重心就會傾向到家庭上，一旦工作使你不能夠照顧家庭，就會毫不猶豫地放棄事業，回歸家庭。AB型巨蟹男士，通常會因為家庭的原因而更加努力工作。他們奮鬥的很大部分是源於對家庭的觀念，而非強大的事業心。

溫馨小提醒

當你求職事業遇到挫折時不能灰心，你要相信自己的能力，無論做什麼，最後一定會闖出自己的天地。

社交技巧

AB型巨蟹座的你是人群中的老好人，朋友心中的「好大姐」、「好大哥」，朋友有了困難會最先請你幫忙，這讓你在朋友中有良好的口碑。你有一顆細膩敏感的心，能掌握他人的心理，因此別人都願意靠近你。

你不喜歡搞小幫派，對誰都笑臉相迎，即使是自己不喜歡的人。你最害怕和其他人起衝突，在可能引起爭執之前，遷就其他人。你在小幫派中很難獲得真正的利益，在朋友面前容易失去自我，朋友們喜歡你，但不會和你深交。

溫馨小提醒

適當地活出真正的自己，向朋友們敞開心扉，會拓寬你的交際圈。

財富密碼

你的財運很穩健，不會有一夕暴富的神話，也沒有偏財運，所以你只能老老實地賺錢。你樂於追求生活的安定，因此，投機的事業不適合你，因此像炒股、賭博這類投機式的事

情你更要敬而遠之。

生財的辦法，就是你要善用自己最大的本錢——耐心與分析能力，應該可以成功。此外發揮自己的理性思維，廣納不同的人才和自己通力合作，強過孤軍奮戰。你很踏實本分，責任心很強，因此對於別人所託一定會盡自己最大的努力，這是你讓人信賴的優點。這也會為你贏得合作的夥伴，讓你有不少的賺錢機會。

巨蟹座人在理財上應根據自己感知力強的特點，從小處著手，積少成多，把握微弱的商機，賺取錢財。

溫馨小提醒

> 定期存款，選擇信譽良好的股票投資、投資不動產，這些是你最穩健的投資方向，有良好的儲蓄習慣是你保持財富的最好手段。

戀愛攻略

你心思細膩，多愁善感，非常在意對方的心理，甚至經常因為想太多而自尋苦惱。你好像一直都在照顧別人的感受，在愛情的世界也充當著一個大哥、大姐的角色，也就自然而然會把關心對方當做自己的義務。但是實際上是你感情上容易受傷，所以才會把自己的愛全部奉獻出來。堅強的外表下你其實內心非常脆弱，渴望被人保護，是個在愛情世界裡一直想做一個長不大的小孩，被別人寵溺著。

你非常想愛，但在愛情還沒有到來的時候，會靜靜地等待；一旦你有了愛慕的對象，就會不經意地表露出你的想法。你非常明白，「愛要把握當下」，因為對方是你非常在意的人，所以你不會計較誰愛得多，誰又愛得少。愛對你來說在愛情裡「安全感」很關鍵，如果一個對你付出極多的情人卻讓你沒有安全感，你還是會寧願重新找個安全的地方避一避。

你在幸福甜蜜的時候，會把「愛與不愛」的問題略過，如果感到被忽略時，就會把這個問題拿來認真思考。你希望被愛是因為你想要那種「安全感」；不喜歡模棱兩可，如果要你不斷地付出愛而抓不住對方的心思，你就會選擇停下愛。

溫馨小提醒

坦率讓人欣賞，但太過情緒化是不成熟的表現，學會控制自己的情緒，許多錯誤都是從失控開始。

婚姻家庭

AB型巨蟹座的你無論時代變化得如何迅速，還是渴望傳統的婚姻，一個給自己全部愛，或者一部分愛的伴侶，一個溫馨或者有點模式化的家庭。你永遠需要屬於自己給自己家的感覺空間，即使僅僅只是法律意義上的。

你在婚姻中並不追求完美，可以忽略自己的感受，可以平淡無奇，但卻不會犧牲婚姻的存在。或許一些潮流派覺得你對婚姻的態度過於守舊，但你卻在圍城裡自得其樂。

在考慮結婚前，你的現實的一面就會表現出來。你需要一個穩定的家庭，所以你對於對方是否能夠提供堅實的物質基礎非常在意。你也非常在意周圍人們的觀點，你希望獲得大家的祝福，這樣你才會感覺自己的婚姻是幸福的。

　　你對家庭非常重視，甚至把它視作全部，家是你安全的港灣，是能夠避風擋雨的地方。你非常重視家庭的和睦和家庭的幸福感，也願意為家庭去付出。如果你是一位女性，往往會為家庭放棄事業。在你看來，沒有什麼會比得上家庭的成功而會使你的幸福感更強烈。

溫馨小提醒

不要禁錮在家庭的小範圍裡，不然再溫馨的家庭生活也會變得乏味。

最佳速配

　　擅長誇讚女性，在行動上無微不至地關照女性的異性，能迅速贏得AB型巨蟹女的心。AB型巨蟹座的理想伴侶一定是和自己的家人合得來的人，若是家裡有人對他不滿，就可能會漸漸冷淡對方。

　　AB型巨蟹女的合適伴侶是行動積極、以家庭為中心、踏實努力的人。如果對方展開猛烈攻勢，開始時AB型巨蟹女會反感，但慢慢地會被他的細膩體貼所打動，兩人會攜手步入婚姻的殿堂。大多數情況下，AB型巨蟹女與年齡較大的異性更

加投緣。

　　AB 型巨蟹男的合適伴侶是顧家的賢妻良母型，善良溫柔又孝順長輩的異性最能打動 AB 型巨蟹男。

健康驛站

　　AB 型巨蟹座的人胃口很好，對食物不挑剔。遇到美食容易暴飲暴食，因此容易造成腸胃不適和肥胖的困擾。養成良好的飲食習慣，規律作息，會讓自己的健康狀況好起來。需注意腸胃、肝臟以及水腫及硬化症。

AB型×獅子座

性格分析

　　如同字面一樣，AB 型獅子座的人是具有「威嚴」的表象。無論做什麼事都十分起勁，充滿活力且光明正大。在人群中，你會顯得很活躍，很顯眼。不經意間，便會使自己成為出盡風頭的人，是社交強手。

雖然你給人一種威嚴的表象，卻不會讓人感覺傲慢，難以接近。往往與人相處的態度都是溫和的，可與他人談笑風生，天真、活潑而開朗，但是到該嚴肅的時候，也會掌握分寸，馬上收起笑臉，令人望而生畏。

在公眾場合，AB型獅子座人的你可以說是鶴立雞群的耀眼存在，是社交界的名流，熠熠生輝。如此的個性以及氣質，通常會讓他人對你產生信賴感，對於別人的請求從不輕易拒絕，而且喜歡幫助他人，是善心人物的典型代表。但有人對你稍稍表現出無視的態度的話，你便會馬上一改平常笑嘻嘻的態度，雖然表面上仍舊冷靜，但內心卻起了極大的情緒變化。

AB型獅子座的你，自我表現欲很強，自尊心也很強。喜歡被眾人注目，被人稱讚，但太過討好周圍人的行為容易被他人誤解，遭人反感，以至於讓他人敬而遠之。

但是，無論內心的不快有多深，在公共場合，你絕不會暴露出自己不愉快的內心情緒。你與生俱來有著避免與他人爭吵及正面衝突等的能力，擁有巧妙的逃避本領。在私底下，你對於錯誤的決定或是不合道理的事，常常想堅決地貫徹，因而顯得以自我為中心，對旁人的意見也置若罔聞。

AB型獅子座的你心胸寬廣，很容易受周圍人的煽動和誘惑。有了這個弱點，加上天生強烈的自我保護意識，較容易變成暴戾的人，為滿足自己的私欲，以強者為王的姿態去欺負弱者，儘管這不是AB型獅子座的本性。

AB型獅子座的你，不喜歡毫無色彩的生活，會想盡辦法讓自己的人生變得戲劇化一點，覺得這樣才會充滿朝氣，這樣

才是真正的人生。以平淡的姿態來對待生活，是無法滿足 AB 型獅子座的。

溫馨小提醒

適當表現低調一些，也是引人注意的方式。

獅子運勢

AB 型獅子座具有極強的運勢，周遭會出現許多強勢的夥伴，在事業上助你一臂之力。即使會遇到許多的困難和挫折，憑藉你頑強的毅力和堅韌的個性，也能讓你順利過關。AB 型獅子座是天生的領導者，在領導崗位上會發揮自己的領導才能和社交手腕，讓上司器重你，下屬信服你。若有好的機遇，很可能功成名就。

AB 型獅子座要避免因為自己較好的運勢而驕傲自大、目中無人。要正確地認識自己，揚長避短，努力奮鬥，一生運勢才會順利。改善自己霸道的領導欲，多替他人考慮，會幫你贏得更多的朋友。

AB 型獅子座的女性，在家庭裡能發揮自己的領導才能，將全家都打理的井井有條。

溫馨小提醒

AB 型獅子座不能滿足於在家庭裡的成就，工作、社交等方面也要兼顧。

職場命運

獅子座的你嚴於律己亦嚴於律人，聰明又有創造性。喜歡和志同道合的夥伴一起工作，容易贏得大家的信任，成為團隊中的領導者，這是一個能成就大事業的幹才。

你的主要特點是思想開放，會盡全力竭盡所能，戰勝困難，去開創嶄新的局面。對工作分外賣命，只為證明自己是最好的，擁有組織能力，在職場常成為一個很好的管理者。在危急時會展現出過人的勇氣，面對同事講義氣，處處透露著王者風範。

你通常有遠大的志向、堅忍不拔的毅力，謀略過人，為人坦坦蕩蕩，寬宏大量，富有激情。但有時會過分地相信自己的力量和優勢，有以自我為中心的傾向。這樣的你易受奉承者煽動進而成為他人所利用的工具，但自己卻不知道。通常情況下AB型獅子座的你，能轟轟烈烈地在眾人的推崇和支持下完成自己的事業。

溫馨小提醒

眼裡只有自己的人，別人眼裡也沒有他。

贏在職場

獅子座的你，在職場中想要獲得很高的地位，這常常讓你處世高調。因做事高效而又處世高調，所以你經常贏得上司的

127

誇獎，但也容易招致小人的暗算。建議對身邊的朋友、同事謙虛低調，避開小人，交上真正的朋友。

你容易以貌取人，注意不要被人的外貌和花言巧語所矇騙，真正會幫助你的人，不會大聲聲張，要學會辨別。

AB 型獅子座的你擁有極強的領導欲，但切忌一步登天，應踏踏實實走好每一步。經驗累積到一定時候，時機到了，便會有心想事成的一天。

溫馨小提醒

經驗累積到一定時候，等到適當的時機到了，便會心想事成。

社交技巧

AB 型獅子座的你精力旺盛、行動力強，天生具有貴族氣質和領導風範，懂得如何運用權力使自己獲得更高的地位，擁有更多的權力。外表強悍，內心也很敏感細膩，同情弱者，好打抱不平。其他人會很敬重你，讓你在領導崗位上充分發揮自己的才能。

AB 型獅子座的你擅長交際，在聚會中能夠有序地組織相關事務，讓各種性格的人都很滿意。性格爽快、慷慨大方，又懂得體貼、理解他人，很容易交到朋友，人緣相當好。你喜歡美好的事物，美麗的人、美麗的語言，建議不要被美麗的外表所蒙蔽。

溫馨小提醒

不要輕信花言巧語，敢於批評你的人才是真正的朋友。

財富密碼

AB型獅子座的你對財務是有些在意的，所以對於理財十分謹慎，絕不會馬馬虎虎。不過人們卻無法想像在眾人面前獨具領袖風範的你，會在金錢的使用方面小心翼翼。不管平時有多麼的瘋狂表現，一旦涉及錢，你就會突然冷靜下來，對你而言錢是必須做到錙銖必較的，「親兄弟明算帳」便是你對於金錢的人生格言。相比之下，你的理財原則便是有進才有出，通常會做很保守的投資。

不過AB型獅子座人天生具有好大喜功的個性，你要的不只是財富的回報，更希望因為高明的投資而獲得別人的讚歎。你想賺的是大錢，小錢你並不放在眼裡，因此回報小的投資，你不屑一顧。在進行投資時，不會受進展和負面因素的影響而亂了方寸。也不會去占市場秩序失衡、有機可乘的那種便宜。你通常喜歡投機風險大的事業或理財方式，所以要儘量謹慎、仔細一些，不然容易造成財富的流失。

溫馨小提醒

積少也可以成多，投資不要太有風險，否則會導致財富的流失。

戀愛攻略

對於愛情，AB型獅子座的你總是抱著超認真的態度，絕不會玩弄感情。天生就喜歡考慮很多事情，才剛剛開始的戀愛，你就可能已經做長遠打算，例如想到將來要生幾個孩子等等的事情。成為AB型獅子座的戀愛對象是很幸福的，通常都會長長久久，你會一直默默地為對方付出。

AB型獅子座的你對於任何事情都會分析得很清楚，然而一旦陷進愛情漩渦中，就會變得傻傻的。由於性格溫和又很好相處，再加上不知道如何拒絕他人，常常輕易造成另一半的誤解。

AB型獅子座的你對於愛情很順從，無論男女都很容易陷入感情漩渦。內在沒有安全感也很敏感，對於所有的事情都默默承受，也屬於不懂得浪漫的一群人。會很大膽地對情人表達愛意與傾慕，即使是女生，也會對對方採取主動攻勢。

溫馨小提醒

在感情上也要發揮你的理性氣質，不然只會造成雙方的傷害。

婚姻家庭

AB型獅子座的人通常都比較早熟，很早便會出現想要結婚的念頭。年少時很輕易便會動心，對愛情激情澎湃，有時希

望自己能夠談一場「前無古人，後無來者」的絕世之戀。

　　AB型獅子女喜歡溫文爾雅，英俊瀟灑的男性，在甜言蜜語的進攻下很容易經不住誘惑，因此而沉淪。不善於區分好感與愛情的界限，喜歡積極主動地去迎合對方，所以通常情況下戀愛並不穩定。婚後在家中仍具有王者風範，位居一家之主。在職場上，也是才華橫溢，獨當一面的女強人，但偶爾也會有想要擺脫家庭生活的念頭。AB型獅子座的老婆外表會表現得很堅強，但其實內心是脆弱的。

　　AB型獅子座的婚姻，通常會在40歲左右的時候經歷一場「浩劫」，因為這時他們一般都事業有成，事業上的成就已不能再帶給他激情。他需要新的「成就感」來滿足自己的虛榮心，於是在比自己年輕的異性面前會展現優勢和魅力，吸引對方拜倒在自己的西裝褲或石榴裙下。如若想要保住婚姻，AB型獅子座的愛人就必須不斷改造自己，多稱讚對方，讓他們時刻都可以感到自己的優越性。

溫馨小提醒

多為配偶著想，婚姻是雙方的，不是你一個人的。

最佳速配

　　AB型獅子座女性的理想伴侶是比自己強，會體貼人，給自己安全感的成功男性。但比自己強不代表能夠支配指使自己，若是在某一問題上想要命令獅子女該怎麼做，那是不會如

願的。倘若和獅子女認真商量，聽取她的建議並以理服人，那她才會信服你。

　　AB 型獅子座擁有獅子座霸道任性的個性，他們喜歡有耐心，能夠包容他們缺點的異性。在一些小事情上若容許他們有自己小小的脾氣，在大事上他們就很容易聽取另一半的意見。

　　對待 AB 型獅子座的人，細心溫柔耐心將會使自己魅力倍增。

健康驛站

　　AB 型獅子座的健康運勢極佳，自身擁有良好的身體資本。切忌憑藉自己優良的健康資本暴飲暴食、抽菸酗酒。

　　在參加聚會時因少量飲酒，量力而行。工作休閒之餘要增加鍛鍊，鞏固體質。足球、游泳、爬山等是適合 AB 型獅子座的最佳運動方式。

AB型×處女座

●●●●●●
性格分析
●●●●●●●

　　AB型處女座的你，對人生有精闢的感悟，你會在一生中經由不斷的克服困難，以此來昇華自己。處女座被奉為神的使者，被認為是最接近神的人，你善良，仁慈，博愛，寬厚，無私奉獻，也正因為如此，你經歷的痛苦，磨難比其他人要多很多。由於天生喜愛反省，因此不會在困難面前絕望，你會在進退兩難的情況下，爆發出強大驚人的力量，並且越挫越勇，堅持到底，直至達到生命的巔峰。

　　你獨有的特點是有豐富的知性，做事細緻、一絲不苟，會因為世事和你的主觀標準不盡相同而去批評，是個不折不扣完美主義者。即使隨著時間的流逝，也仍舊保有一顆孩子般的心，喜歡回憶過去，憧憬未來。不過你也是很實際的，性格中愛幻想和時間都是存在的，所以兩者並不衝突。

　　AB型處女座的你做事細緻、條理、理性。有極強的批判能力，習慣於將事物拆分後進行分析和評論。非常注重完美的過程，極度厭惡半途而廢；在做事情之前，有詳盡的計劃書，然後會按照計劃書的內容實行並實現。做什麼事都很投專心，

133

而且好學、好奇、屬於不恥下問的類型，還擁有很棒的口才。對任何事都很投入，並且都有一套詳細的規劃。且對自己非常嚴格，成為工作狂的可能性很大。

天生喜愛乾淨，更甚者會有潔癖，這樣就為自己和別人帶來困擾，也容易造成人際關係的阻礙。只要糾正這個缺點，你溫和的個性會受到很多人的喜歡和青睞。

溫馨小提醒

> 學會隱藏你潔癖的缺點，否則會因此招致別人討厭你，這應該不是你想要的。

處女運勢

AB 型處女座的運勢不太強，但只要堅持不懈，就能在自己從事的領域闖出令人矚目的成績。

AB 型處女座多是非常努力的人，無論自身能力強或不強。所以他們事先訂好遠大的目標，靠自己勤奮踏實的一步步努力，大多能實現自己的目標。這是他們增強自己運勢的祕訣。

AB 型處女座不擅長處理人際關係，各方面追求完美的自己常常在這方面倍感壓力。建議不要對自己要求太高，只要對人友善，用真心和他人交往，大家自然會發現你的優點和可愛之處。

AB 型處女座具有極好的長輩緣，長輩們對你都疼愛有加。在家人的支援下，你會忘掉生活中的煩心事，工作也更加有動

力。

對待他人的不足之處是，常常以學歷和出身來判斷他人的實力，在不知不覺的情況下給自己招來敵人。建議不要以外在條件來判斷人，要以能力判斷人，多培養自己寬廣的胸懷，這會讓你擁有好人緣。

堅持地努力，才能在自己的領域做出一番成就來。

職場命運

AB型處女座擁有處女座的典型個性，苛求完美。在職場中自己做事十分認真，對待合作的同事或者下屬都要求極高。除個別脾氣相投的同事會願意與你合作，大多數同事會對你敬而遠之。做事認真是一項優點，但建議你用自身的嚴格要求感染身邊的人，而不是自己對他們提出要求。

AB型處女座容易心軟，因此若有人故意裝可憐來博得你的同情，你往往就很難招架。

溫馨小提醒

對待他人要理性一點，才能避免落入別人的圈套。

贏在職場

AB 型處女座你，分析能力在十二星座中是數一數二的，並有著其他星座難以比擬的敏銳和深刻。當你們遇到問題時，就會用自己的方式去分析和判斷，往往能夠得到讓人非常滿意的結果。但是你對整體缺乏概念，有的時候太注意細節的成敗，以至於無法顧全大局，使得智慧局限於細節。

你的敏銳思維能力和清晰的邏輯思維加上對細節的在意，在研究型的工作上，一定會有非常好的表現，會非常容易取得成績。但是一定要遏制自己完美主義的發作和對細節的過分關注，學會用大局的思維來看待事物。

AB 型處女座的你，在應付處理瑣碎的事務時非常有經驗，而且講求秩序，十分理性，默默善盡本分，個人色彩並不會太為彰顯，所以適合從事幕後的工作。

溫馨小提醒

亦步亦趨會讓人很難信賴你，處理事情的時候要有自己的主見。

社交技巧

AB 型處女座的你缺乏活力，在人際交往方面容易心有餘而力不足。但你善良溫柔、細心體貼的個性能彌補這個缺憾。如果在和他人交往時能夠主動一些，會有意想不到的收穫。

你不太容易交到朋友，但一旦交上知心朋友，便會對朋友全心全意地付出。所以，在人際交往方面，AB型處女座的你應做好打持久戰的心理準備。

你天生具有批判精神，對自己看不順眼的想像甚至生活習慣也會對人橫加指責。隱藏自己的批判個性，或者換一種方式對他人善意提醒，這樣才不會讓自己成為眾人避之唯恐不及的對象。

溫馨小提醒

在社交方面，你應做好打持久戰的心理準備。

財富密碼

AB型處女座會把金錢支配得很完美，能夠既隨興又安全地在金錢遊戲裡遊走。你常常能夠對投資做下準確的評估，輕鬆地賺取一些利潤，源自於你的不貪心。在理財上你也很能掌握住整個環境，所謂「知己知彼，百戰百勝」的戰略，你可是輕車熟路。

如果是要求較高的AB型處女座，則會致力於累積金錢的遊戲，會以「合理」的標準來看待金錢的價值。除非逼不得已，否則對你而言，這樣的人生可是一種不完美的可悲。所以在合理的規劃下，你會積極尋求穩定的管道，即使是存放在銀行裡，也不願意冒太多的風險。

但是聰明的AB型處女座要注意：在理財的時候隨興常常

會變成一種太過於相信自己的任性，所以在股票方面往往失手率頗高。

　　AB型處女們在金錢的處理上是比較隨和的態度，對金錢非常看得開，所以收支平衡表現良好。在你心中，錢只是讓自己獲得更好生活的工具，沒有必要爭得你死我活拔刀相向，所以對腥風血雨的投資戰場實在提不起興趣，還不如做一些優雅而有成就感的工作，賺一些安穩錢。

溫馨小提醒

穩定的理財是比較合適AB型處女座人。

戀愛攻略

　　AB型處女座的你具有潔癖的傾向，因而在情感生活上也較難和別人建立起親密的關係。當你陷入愛情時，很少直截了當的表達，而是以含蓄的方式，故而戀情看來頗為婉轉難測。

　　你追求簡單的生活，十分享受平淡愛情的細水長流，雖然特別執著地追求完美，不過也會在現實的逼迫下放下執著，只不過在愛情上表現得有些謹慎，常希望對方以自己的標準為標準，以理性的態度對待戀人，造成兩人情感的疏離。但在這層平靜的外表之下，你把兩人應承擔的責任全部轉嫁到自己身上，情願犧牲自己去遷就對方，但你表面上小心翼翼的態度容易讓人反感。

　　AB型處女座的你有著天然的優雅和高貴，可以很容易地

吸引其他人的目光。你通常都比較低調，很多時候都很安靜。所以對於感情，你是很讓人踏實的選擇。但你也比較敏感，不會花言巧語，不會講肉麻的話，不過經由細微的舉手投足，就可以知道你是否已經墜入情網。

AB型處女座的你都是很保守的一派，如果是思想意識很前衛的人，你是難以接受的，即使你會接受，也會在日後的相處中對他進行傳統的教育。

AB型處女座的你不喜歡談論感情，對於自己要好的朋友也不會隨便聊起自己的戀人。在你看來，那是自己的隱私。而對於大多數人來說，談論自己的戀人是很正常的事情。甚至包括很私密的事情。

溫馨小提醒

> 對戀情保持開放的態度，盡情享受愛情的甜蜜。

婚姻家庭

當AB型處女座的愛情走到婚姻的關口時，你會選擇理智而務實。你不會選一個自己不喜歡的人，來折磨自己一輩子。你會從喜歡的人中，挑選最具價值的一位，走上人生的新階段。

你很容易去用理智來評判自己的婚姻生活，你知道想要和什麼樣的人結婚，婚後將有一個什麼樣的生活，以安定追求完美的你。在婚後，你追求完美的心更甚，你會用心經營自己的

婚姻，追求完美的婚姻生活。

AB型處女座的婚姻很容易在日常的瑣碎生活裡糾纏到窒息，所以需要給予你完全屬於自己的空間，就會對婚姻產生很大的促進作用，說不定你會因此在婚姻裡真正的找到你想要的幸福感覺。

對於兢兢業業的AB型處女座老婆來說，打理家務是分內事，也很享受整理家居、烹調打掃的活動。不過要是有人毀壞了你的勞動成果而且屢教不改那就另有說法了，尤其是有人對你用心良苦的苦口婆心還顯露出強烈不滿的話，那他就是在逼你歇斯底里了。

溫馨小提醒

不要糾結於生活的小細節，那會讓你的幸福婚姻大打折扣。

最佳速配

AB型處女座欣賞言行一致、富有強烈責任心的人。你自身對自己要求頗高，無論大事小事均全力以赴，你喜歡的另一半一定是個「行動派」。

你追求細節上的美好，如果對方細心體貼，在生活習慣及脾氣秉性上都無可挑剔的話，你會很容易有幸福感。但你的眼光過高，也容易給自己帶來困擾。適當地降低自己擇偶的某一方面要求，你會對自己的另一半很滿意。

AB型處女座的你活力不夠，但喜歡熱愛運動、渾身充滿活力的人，如果對方能擅長各種運動，足球、籃球、游泳以及爬山，那麼他肯定是你的不二人選。

健康驛站

AB型處女座的你，神經比較敏感，心思比其他人細膩，要警惕神經性的疾病，如神經性胃腸炎、神經衰弱等等。在失眠時要漸漸擺脫對藥物的依賴，不然會對健康造成隱患。

感覺有壓力時，和朋友聊聊天，和家人去郊外、森林遊玩，是最佳的放鬆方式。AB型處女座要有意識加強身體鍛鍊，慢跑、騎自行車、瑜伽等有氧運動都非常適合AB型處女座。

AB型×天秤座

性格分析

AB型天秤座是天秤座的優雅特質和AB型的古靈精怪的完美結合。你通常有著淡雅自如的外表和舉重若輕的姿態，沒

有什麼能夠讓你大驚失色。同時，在優雅背後，你卻不失自己獨特的小想法小性格，有時淡淡的一句就能夠彰顯出與眾不同的個性，展現出你背後所積澱的深刻內涵。這讓人覺得你既典雅卻又不失親密，就是這種若即若離的距離感會人心生神往、著迷。

你在社交中常常扮演「和平使者」的角色，能夠敏銳地觀察到場內局勢的變化，但卻不會一語道破，你更願意把衝突和矛盾巧妙地化為無形，進而讓一切回復到平和狀態。

在社交場合，你永遠不會站在風口浪尖，你寧願做一個水一樣的角色，即使人們不會特意感覺你的存在，你卻在人們的印象中不可或缺。

試圖一直保持和諧的狀態只是你的一個理想中的目標，但無需對每件事都竭盡全力去維持平衡。

溫馨小提醒

適當允許衝突的發生和矛盾的產生，也是情感的一種有效的自我釋放。

天秤運勢

AB 天秤座的你，一生運勢較為坎坷。一般而言，男性要比女性的坎坷要多，尤其是在中年左右，家庭、事業方面的小困擾會讓你身心俱疲。但你生性樂觀，且具有驚人的平衡力和調節力，在平衡心態下，能夠一一化解自己的麻煩，經由自己

的努力扭轉自己本來不太好的運勢。

關鍵是要百折不撓，無論遇到任何困難都不能輕易放棄，否則自身的運勢很難好起來。雖然 AB 天秤會遇到很多小坎坷，但結果往往都是朝好的方面發展。若能有幸遇到賞識自己的伯樂和事業上的好夥伴，晚年的你將大有作為。

 溫馨小提醒

> 無論遇到任何困難都不能輕易放棄。

職場命運

AB 型天秤座的你是社交達人，有很高超的社交手腕，能和各種各樣的人打好關係，人緣相當好。若能充分利用自己的好人緣，在官場、職場都能如魚得水。

需要注意的是，有的時候你會為了迎合對方，而委屈自己，甚至犧牲自己的利益。你很在乎別人對你的評價，不喜歡和其他人起衝突。但當別人損毀了你的利益，你又做不到無所謂，進而憂心忡忡，傷害身心。AB 型天秤座的你，一定要學會放寬心。

溫馨小提醒

> 利益損失只是暫時的，適當吃點虧，才能真正地笑傲職場。

贏在職場

你喜歡輕鬆安逸又不失挑戰的生活，因此，重複性較強的工作尤其不適合你。天生屬於交際達人的你，往往能在職場交流時給人留下好的印象，但是優柔寡斷猶豫不決卻是職場最大的絆腳石，往往因為一時糾結就錯過大好時機。喜好平衡的你善於做溝通者和組織者，既能發揮你的優秀天賦，也能夠在職場中有著良好的晉升前途。

你非常適合團隊合作，並在團隊中發揮你的溝通聯繫作用，因為你有良好的口才和溝通技能。你也可動發揮你廣大的人脈資源，去做公關等相關工作，為很多企業搭橋牽線，幫著他們處理危機。也可以選擇做跟藝術美感相關的職業，你那強大的美感能夠為你帶來不少的創意。但要切忌在職場上露出你散漫的一面，不要把你的抉擇難斷的毛病帶到職場，學著果斷些，這樣才能為你帶來更多的機會。

溫馨小提醒

你比較適合的職業，是在團體中發揮你協調能力的工作。

社交技巧

AB天秤座的你具有社交天賦。擅長協調各方面的人際關係，在親人、朋友、同事間都擁有相當好的人緣。在人群中會

注意到每個人的情緒，話題很豐富，並能激發大家交談的興趣。

大家樂意聽你談話，並在你的帶動下，樂意互相談話，談話氣氛恰到好處，既不過分熱鬧，也不至於冷清。你能侃侃而談，很懂得傾聽的藝術，朋友也很喜歡找你傾吐心事，你是經常被人們評價為左右逢源的人。

AB天秤座天生具有藝術細胞，你喜歡結交喜愛藝術或者藝術圈的朋友，經由藝術愛好能不斷擴大你的交友圈。如果能培養自己運動的愛好，則會擴大自己的朋友層次。你性格上猶豫不決的缺點，會成為別人的話柄。若能克服，人際關係會有意想不到的效果。

溫馨小提醒

改變你猶豫不決的缺點，是擴大你社交圈的祕訣。

財富密碼

你天生屬於財運平穩的人，一般不會有什麼偏財，很少能夠得到意外之財。但是你很少會有一貧如洗的時候，總是能夠得到身邊人的幫助，所以你不必擔心錢財的問題，這也是你為什麼對錢財不甚重視的原因。

很少會大富大貴，主要是你把時間多花費在享受人生上，你不希望自己因為金錢而失去享受人生的機會。你很有才華，也很有眼光，但是並不是一個能夠堅持的人，你的財運不錯，

但是由於對金錢的敏感度不高，常常會有花錢如流水的現象，再加上平時頻繁的社交應酬，你註定和守財奴無緣。但是你在財富上往往能夠有較好的運勢，如果多加磨煉，必能擁有不錯的財富運勢，中年過後應該會有豐厚的財產累積。

溫馨小提醒

要注意從事投機類的事業，最好把精力放在正常的工作生活中，利用一下自己的才智，為自己的將來多做打算。切忌花錢如流水，要適當的控制自己的消費慾望。

戀愛攻略

在愛情上，你更注重精神上的理解和交流，當然，一個良好的物質條件是營造完美的精神戀愛的前提。你非常看重兩人之間的和諧，你對於無法跟自己交流溝通的人沒有感覺，也不會勉強自己和他們在一起。

你的眼光非常的高，因為你對於美的感覺非常強烈，會要求自己的另一半有較好的容貌或者能力。你期望得到深刻的愛情，所以有時會不斷的尋覓，在不斷地找尋中獲得適合自己的愛情。因此你經常被認為是花心，這其實是你的搖擺不定與曖昧拒絕讓很多人對你產生了誤解。你本意不是如此，你對自己認定的人其實非常的專一。

你不是為了愛情可以犧牲一切的人，你善於平衡，不會因

為愛情而喪失自我。通常在愛情中，你是比較理智的那個，你會用理性的眼光看待這個愛情的過程。如果愛情是場遊戲，你一定不會是沉溺於其中的那一個，你更像是可以寫出攻略的那個。

溫馨小提醒

理想的愛情很難立足於現實中，只要找到認為可以永恆的愛情就不妨大膽地嘗試，不要再搖擺不定了。

婚姻家庭

你很容易很早走進婚姻，只要你成為愛情的俘虜，一定會選擇進入婚姻。因為你選擇愛情的過程是一個非常漫長的過程。你很早熟，在很早的時候就開始對自己的人生開始規劃。你對於婚姻和家庭抱有非常大的期望，所以非常認真的挑選自己的伴侶。

你認為愛情重於婚姻，你的婚姻是講究「品質第一」的。不會隨便遷就自己的婚姻，對另一半的要求也不會降低。你會非常在意身邊人的看法，你總認為大家的觀點更能夠說明你們之間是否合適，你會百般的進行考量。

AB型天秤座的家庭會充滿了民主的色彩，因為你是個注重公平的人，所以你很少會和對方吵架，面對問題時你也會採取息事寧人的辦法。你不願意破壞家庭的和諧局面，所以你的婚姻家庭大多的時候都是非常和諧幸福的。

當然你也有不和諧的一面，當你有一個理由結婚，就有一萬個理由拒絕婚姻生活，或許人們會覺得你自相矛盾，但其實你心中對浪漫的追求十分執著。

溫馨小提醒

有一個家庭就去守護它，不要把你的搖擺不定也帶入婚姻中來。要更多的重視對方的感受，正視矛盾才會解決矛盾。

最佳速配

處事冷靜果斷、剛柔並濟的異性常常會贏得 AB 型天秤座人的青睞。最好是下定決心就立即付出行動，同樣具有聰明的頭腦、較好的協調能力、高超的社交技巧，是 AB 型天秤座人最速配的對象。

天秤座具有較高的審美要求，對於對方的外表具有很高的要求。如果對方恰好外形尚佳，會和 AB 型天秤座人十分合拍。但也因此，天秤座人容易被外表美麗，但毫無內涵的異性所蒙蔽。所以在擇偶時一定要慎之又慎，最好重內涵而非外表。

健康驛站

AB 型天秤座的你擅長協調各方面的關係，並享受其中的樂趣。所以，一旦家庭、事業、朋友等哪一方面出了一點小問題，打破了你精心協調的人際關係網，你就會憂心忡忡，感覺自己很失敗，精神壓力很大。最好的緩解壓力的方法是使自己

暫時擺脫人際關係的束縛，自己獨處一天，聽聽音樂會、看看畫展、做做手工，或是和家人一起外出旅行，使自己靜下心來，壓力煩惱自然煙消雲散。

另外，你要注意預防頸椎、腸胃方面的疾病，多鍛鍊身體，注意飲食，健康基本無大患。

AB型×天蠍座

性格分析

AB型天蠍座的你，具有非常敏銳的感知力，總是很輕易就可以洞察他人的心思和意圖。你內心冷靜，行事慎重。但是與此並存在你身上的是孩子般純真無邪渴望被關懷被寵愛的一面，無論年齡多大，都喜歡以任性撒嬌的方式來獲得最親的家人或愛人的重視。但是一旦走到社會上，你就會把這一面深深的隱藏，變得得體大方。

你不喜歡是非之地，總是遠離可能發生紛爭的地方，一旦覺得被侵擾，不會貿然行事，與O型天蠍愛恨分明的表現不

同，AB型天蠍的你會儘量做出舉重若輕的樣子，以維持自尊和心態的平和，不過心中會耿耿於懷。

你不善於與人交際，所以你很少能夠在人群中游走自如，但是這並不代表你不會成為一個成功的交際者。只要你想成為這樣的人，就會非常迅速地改變自己的性格。善於去演戲，讓別人分不出真假。你真正意義上的朋友並不多，你非常重視自己的朋友，會把朋友的界限分得十分的清楚，所以在不明真相的人眼中你是一個冷漠的人。但到朋友的身邊，你是一個值得信賴且充滿了熱情的人。

培養博愛之心，太過於神祕會讓人不敢靠近你。

天蠍運勢

AB型天蠍座的你年紀輕輕就具有極好的運勢，在三十歲之前就能獲得較高的地位。一定要好好把握自己的好運勢，不然即使天生擁有好運勢，也會被你揮霍一空。在三十歲之前還坎坷波折、籍籍無名的你，可能天賦不夠、能力不強，好運勢沒有發揮相應的作用，但透過後天的努力可以一一克服，到中晚年應該功成名就。

AB型天蠍座的你很多情，很容易導致夫妻關係的矛盾。對待婚姻要全心全意，珍惜自己的愛人，婚姻生活必能甜蜜和諧。你閃婚而幸福的機率很小，切不可被自己一時的頭腦發熱

沖昏了頭，對待婚姻需謹慎。婚後的你，是家庭中的主心骨，事無巨細都需要你操勞，但你也十分享受為家人分擔的樂趣。

積極奮鬥，好好把握自己的好運勢。

職場命運

AB型天蠍座的你，做事冷靜而高效，生性循規蹈矩，上司交代的任務都完成得十分出色。偶爾會打破規章制度，按照自己的方法做，但也都是在合理範圍之類，上司也會放任你的偶爾「不規矩」，因為事實證明你是對的。

AB型天蠍座的你，生性保守而謹慎，做事一步一腳印，在社交方面不太擅長。你不會在短期內和同事、上司打好關係，只有長期相處，大家才會瞭解你的優點，也才會慢慢信賴你。建議你找準職業長期做下去，必能取得很大的成功。

溫馨小提醒

找一份真正適合你的職業，是你成功的起點。

贏在職場

你需要的是一個沉穩的工作。由於性格原因，對待這些工作上面你非常能夠發揮自己的優點。同時你耐得住寂寞，所以你不會因為工作內容枯燥而輕易放棄。

　　你天生就是一個會出謀劃策的人，敏銳的洞察力能為你帶來各種的機遇。所以在很多的時候你會是一個幕僚的角色。適合的職業有很多，比如律師、法官，因為你甘於寂寞的心和敏銳的洞察力，和自己內心獨有的公平正義感，使你能夠十分適應這種職業。

　　如果你想改變，你可以適應任何的職業。這就需要你改變自己的人生性格，若是想要生活過得開心，不妨選擇自己喜愛的職業，不必為了身外之物和他人的看法而委屈了自己的想法，畢竟行行出狀元。

溫馨小提醒

自己單打獨鬥不如背靠大樹好乘涼，這樣你將會更容易成功。

社交技巧

　　AB型天蠍座的你生性冷漠寡言，害怕別人瞭解而深知你的內心世界，你喜歡在眾人眼裡保持神祕感。

　　你的個性低調、孤傲，不喜和人爭什麼，瞭解你的人會很喜歡你，不瞭解你的人會覺得你孤僻不合群。實際上你只是外表孤傲，但內心掩藏著澎湃的激情。因為個性原因，很多人都對你敬而遠之，所以你的朋友不多。但你絕不會容忍朋友的背叛，一旦發生就會和朋友絕交，老死不相往來。

溫馨小提醒

學會圓滑處世，學會釋放你內心的感情，對你的人際關係將大有幫助。

財富密碼

　　早年你的財運並不佳，甚至有時還會入不敷出，這與你年輕時的不安於現狀有關係。年紀較輕的你會有很強的虛榮心，這使你很難獲得積蓄。並且對金錢的管理並沒有良好的規劃，因此年輕就大富大貴是很難出現的。所以一般來說，等你到三十歲之後就能積聚財產，但不宜投資股票、房地產等投機性專案，最好進行非投機性投資。

　　你的人生中總是伴隨著很多的失敗，這些在你的財運中也有所體現，但是你有一顆可以忍耐，千錘百煉的心，所以你要耐心的等待時間，不要焦躁，成功會慢慢到來，在你付出足夠的時候給你大驚喜。

　　你非常有偏財運，因為你給長輩總是留下穩健、精明能幹的形象，所以長輩願意將財產交給你進行管理規劃。這些雖然不足以使你成為暴富者，但是卻能夠助你在未來取得成功，為將來的發展打下基礎。所以現在的你就要開始訓練自己的性格，建立信任的形象，用耐心去獲得財富。

溫馨小提醒

耐心地等待，不要焦躁，成功會慢慢到來。

戀愛攻略

　　AB型天蠍的你，有著不安全感和不穩定感。你是個很現實、實際、理性、有原則，同時也是個很敏感的人，對一件事情會從多方面綜合考慮，分析出所有的利與弊，愛情也是一樣，你最需要的就是自由，不需要束縛。

　　你很難愛上一個人，即使愛上了，在以後的生活中，如果發現自己已經無法掌握住這份愛情就會立刻放手。雖然內心會充滿了傷痛，但是你更害怕被對方背叛。你會首先保護自己然後才會去保護其他的人，同時也是個矛盾的人，既可以為愛不顧一切，也可以看似瀟灑的放棄愛情。

　　你是個以貌取人的人，對愛人的要求非常苛刻，不但要相貌出眾，更多的是需要能力和氣質。但還是一個會很容易因為一個舉動就愛上對方的人，這也是你矛盾的所在。你喜歡一個人默默地承受所有，遇到困難也不會輕易地說出來，更加懶於解釋，你要求的就是對方對自己的百分之百信任。

　　你愛上一個人就會把所有的愛都放在他身上，但是大多數都是在默默的奉獻，所以單戀常常會發生在你的身上。

　　當你遭遇背叛時，會像變了一個人一樣，你身上的冷靜和冷漠會全不見，有時還會變成一個極端的人，需要很長的時間

才能夠恢復過來。這些傷害對你來說，將會持續很久，在內心深處啃噬你對待愛情的勇氣。

溫馨小提醒

既然愛就不要害怕被傷害。

婚姻家庭

你很少會和自己的愛人步入婚姻，因為你的熱情容易灼燒一切，讓你無法控制自己愛情的走向。當你能夠在歲月中沉澱下來後，才會找到屬於自己的真愛。

大部分的時候，你的婚姻與愛情無關，在歲月中一次次遭受到愛情的打擊，讓你對愛情產生了畏懼。當你步入婚姻之前，往往會有很多次失敗的經歷。你很難去再嘗試，所以會按照家庭的意思去結婚，你知道一廂情願的愛情是不可能的，你會理智的挑選結婚對象，然後安穩地度過一生。

一般說來，步入婚姻的你會重新恢復你的冷靜。無論男女，都會變成愛家居家的人，願意為家庭付出一切。你婚姻是建立在考量基礎上的，步入婚姻的你把家庭當做是你的停泊港灣。非常重視自己的家庭，為了自己的家庭有時還會放棄事業或者人際交往。

對很多事情都沒有安全感的你，獨獨對自己的家庭充滿了信任。你慢慢的變成了家的守護者，很難再陷入愛情的漩渦，也不會再有風流成性的表現。

溫馨小提醒

對家庭充滿信心之餘，宜建立家庭以外的社交圈，。

最佳速配

　　AB 型天蠍座的合適伴侶是富有激情，情感外露的人。喜歡玩神祕，恰好和你個性相反的人最容易吸引你。他們奔放的感情能引發你內心隱藏的火熱激情，在浪漫的咖啡廳或音樂廳邂逅，最容易擦出愛情的火花。

　　你玩神祕也喜歡神祕，有時個性神祕的異性也會吸引你，你的擇偶觀容易搖擺不定，更容易見異思遷，這會讓你在戀愛婚姻上大吃苦頭。建議你要用自己的真心去尋找適合自己的另一半，才會在情感道路上一帆風順。最不適合 AB 型天蠍座的就是擁有強烈好奇心，追根究柢的人。雙方互相信任，保持適當的距離是最適合你的戀愛方式。

健康驛站

　　因為朋友不多，AB 型天蠍座的你喜歡壓抑自己，長期以來容易患抑鬱症、高血壓、心臟病等疾病。要學會給自己減壓，聽音樂、聽相聲、看看電影是極佳的放鬆方式。和家人一起聚聚，外出野餐或者去運動，可以調節自己的情緒。另外，要注意預防便祕。

AB型×射手座

性格分析

AB型射手座行動敏捷，有如弓箭在弦，蓄勢待發。AB型射手座的你性格直爽，自由而奔放，具有野性般的熱情，能在冷靜的思考後做出相應的反應，討厭一成不變的事物和人。

你不喜歡思想被關在籠子裡，喜歡進入自己的幻想世界，哪怕是進入一本書的幻想世界中，或進入一段哲學的思考之時，你都是那麼認真地陶醉在自己的美好世界。

AB型射手座的你熱情是與生俱來的，一旦對人熱情起來，想要自己熄滅這份熱情之火焰也不是一件簡單的事。往往周圍的人會對他們的過分熱情感到意外和吃驚，這也是AB型射手座人的一個魅力點。

AB型射手心地善良，可以擁有最慷慨的靈魂，不管在物質上或情感上。但你是屬於不願意做出承諾的一族。不必對你做出很多的要求，你就會表現得很好，你就是有這樣的天分。但以平常、慣有的方式來束縛你，你會覺得自己被壓迫並且做不好。不要忘了，你是相當以自我為重點的，所以對周遭事物的理解會有所遲鈍。當你忽略或考慮得不夠周到時，就需要旁

人適時地提醒你。

　　AB 型射手座的你擁有一顆最自由的靈魂，自由是你的最愛，其他一切都次之。愛運動是你的天性，流過汗的你心情會更加爽快，所以如果對你有所求的話，那就約你出去自由地運動一下吧，然後再提出要求，這樣會事半功倍哦。

　　通常你對任何事都是三分鐘熱度，堅持不了很久。涉獵雖廣，但都不會很精通，屬於「樣樣懂卻樣樣鬆」的典型。不斷變化的事物會吸引你的目光。

　　AB 型射手座的人最大的優點就是寬容和獨立，你有些神經大條，做事情不會去考慮後果，需要旁人的指點以及建議，也往往因為這樣，你更會對別人的思想產生依賴。

　　你通常是很信命的一群人，但是又是特別不服輸的一群人，最好不要在原則性問題上與你爭論，你喜歡求同存異的生活方式。

溫馨小提醒

你的缺點是性子急，還往往同時會去做很多事情，毫無空閒，應學會避免這樣的錯誤。

射手運勢

　　人生前半段擁有極強的運勢，年輕時即有可能取得輝煌的成就。如果能專注地投入某件事，取得成功的可能性極大。但射手座對任何事都缺乏持久的耐性，年輕時取得令人矚目的成

功會逐漸暗淡下去。

射手座對待感情也缺乏耐心，是最有可能再婚的，再婚對象可能還是自己的婚外情。如果不培養自己的耐心，你的人生很可能是孤獨的，晚景將會很淒涼。

AB型射手座的貴人是富有協調能力的天秤座，和天秤座的同事合作必將有所作為。

> 只有耐心地去做事，才能讓你的人生運勢更強。

職場命運

你富於激情，喜愛挑戰，對任何棘手的問題都能夠處理得十分妥當。這讓你在上司和同事心中具有相當高的威望。如果工作過於清閒，工作沒有任何技術性含量，你絕不會感興趣。

你最大的缺點是對一份工作很難產生持久的興趣，到一定時間就會產生倦怠心理，影響工作效率。經常跳槽，這對你的職業生涯有利有弊。

若是能將你豐富的工作經驗合理地綜合利用，自主創業，從事自己喜歡的工作，你必能在事業上獲得成功。但若一直三心二意，見異思遷，也就很難在事業上取得長足的進步。這是AB射手座的你應該注意的。

溫馨小提醒

頻繁跳槽，很難在事業上取得長足的進步。

贏在職場

在職場中，枯燥乏味的例行公事、無止境的責任以及要求和命令，對 AB 型射手的你來說都是一種毀滅。個人的自由發揮對你們是至高無上的，你願意為自由放棄所有。絕對相信民主，所以別人不能對你施以命令的口吻。

擁有多方面的興趣，你會想要選擇符合自己興趣的職業，如果你對現有的職業不感興趣，那麼就不會在工作上取得成績，還會以各種藉口去更換工作。在別人的經歷中，不斷地變換工作不容易取得成功，而你恰恰相反，頻繁的變化工作反而使你能夠學到更多，也使你增加更多的閱歷。

有衝勁的工作，同時能夠自由發展的職業更容易引起你的青睞。你不喜歡一成不變的生活狀態，每天都充滿挑戰的工作反而能激發你的熱情和鬥志，讓你能夠大膽發揮你的才能。

溫馨小提醒

一定要在選擇工作的時候想好自己的興趣所在，不符合你興趣、性情的工作，只能讓你在悶悶不樂中度過，這種折磨就會迫使你尋找下一份工作。

社交技巧

你對別人很熱情，性格外向活潑，所以很容易交到朋友。你的朋友很多，而且任何領域的朋友都有，即使在超市排隊結帳的過程中，你也能交到朋友。這讓你的人生過得豐富多彩，朋友們都很信賴你，遇到困難時會樂意請你幫忙。

你「一根腸子通到底」的直率個性，說話做事都很直接，無意中會傷害朋友的心。射手座個性直率，缺乏耐性，和天秤座、白羊座、水瓶座很能合得來。和性子較慢的金牛座很難一拍即合，但在瞭解的基礎上也會培養出長久的友誼。

溫馨小提醒

要多鍛鍊說話技巧，用善意的語言，對朋友提出建議，讓朋友既容易接受，又會非常感謝你。

財富密碼

AB型射手座的你，有著非比尋常的財富野心，你太需要錢，因為你認為只有錢才能帶給你安全感。

由於腦筋極佳，能力也很強，這便變成了你致富的有利因素，通常你很會賺錢，有一夕之間賺進大把鈔票成為巨富的機會，但最重要的問題在於你是否有這個心。但同時你花錢也是很大手大腳的，時常沒有計劃性。

有很多人羨慕AB型射手座的財運，認為你對於賺錢的技

巧有獨特的祕訣，似乎很容易，但其實不知道你為此而付出了多少。

整體來說，AB型射手座的人的財運並不是十分穩定的，工作所得以及投機帶來的財富，都會因為花錢大手大腳的個性而無法留住。鑑於此，你應將金錢花在購買有價值並且能保值的物品上，這樣會更划算些。

溫馨小提醒

採取穩健的聚財方式，有計劃性地經營你的錢財。否則，徒有賺錢的本事，卻無法保有財富。

戀愛攻略

AB型射手座的你，要求體現在方方面面，是不怎麼會浪漫的人。你的愛情通常是從當朋友開始的，如果企圖用一時的浪漫或者感動來打動你，是不太會成功的。

由於你無法從一而終的個性所致，所以在愛情的路上總是尋尋覓覓，經常因為發現新目標而忘卻舊愛，有些喜新厭舊的傾向。雖然如此，但不能說你是輕浮的人，因為你不會同時與很多異性交往，每一次戀情通常是由你主動展開攻勢。你最令人欣賞之處，在於絕不會用對方的外表容貌來判斷是否值得交往。但是，有時因為過於輕率，會讓許多真愛從自己的身邊不經意溜走。

AB型射手座的你總是對於社交保有興趣，對身邊的朋友

不論男女都保持一定的熱情，這樣便容易給人錯覺。面對愛情，你是懷有悲觀情緒的，你不相信現實中的愛情，所以你會與他人保持一定的距離。即使可能會遇到很多次表白，但那些都是徒勞的，因為你會自覺地排斥這種行為。最佳的辦法就是做你最重要的朋友，然後把表白放在最後一刻。當別人對你產生依賴後，便很難與你劃清界限了。

如此的AB型射手座，一旦談起戀愛，便有如乾柴烈火一般，戀情經常會讓周圍的人捏一把汗，因為一旦產生情愫，便必然全身心地奉獻出自己的所有且毫不猶豫。無論對方的身分是否合適，例如已婚、年齡懸殊、家庭反對等問題也完全不在乎。不過如果追求遭到拒絕，也不會再留戀，會瀟灑地離開，即使失戀了也不會做任何糾纏，對已無希望的愛戀戀不捨。

AB型射手座你還有兩種戀愛必殺技，第一是能夠若無其事地欺騙，第二是能夠洞察別人的心理。你會表面上遊刃有餘地和別人談話，卻在心裡一直在揣摩對方的心，也因此你在戀愛過程中，常常處於有利地位。

溫馨小提醒

愛情最忌諱輕率而不考慮現實性。因此，當陷入無法自拔的愛情中，小心會傷害到自己。

婚姻家庭

AB型射手座的你，無論男女，都認為婚姻是以兩人互理解，互相支持，相伴到老的，而非相互束縛。女性不喜歡對方

的囉唆，更討厭成為家務瑣碎事的階下囚。作為妻子，妳不是很浪漫，也不會做小鳥依人狀，依然會堅持自我。

男性則討厭被妻子完全掌控，對於你來說，個人生活的自由範圍是不容侵犯的，你非常重視自己的自由。會將家庭視為共同財產，需要兩個人共同經營。所以在供養家庭上你是抱著平等的態度，薪水也都由個人保管的。但是你選擇婚姻的時候，完全憑自己的感覺，不去想對方是否有十分強大的經濟基礎。你對自由的定義十分廣泛，自主的選擇自己的婚姻，不受傳統的影響也是你想要的自由的一種。但由於你婚後的太過追求自由，就容易引起婚姻中兩人的不快。

事實上，AB型射手座的你婚前婚後的生活方式並沒有太大的改變，一樣是自由自在的無拘束感，即使有了孩子，也是如此。對待孩子猶如朋友，家庭內部始終籠罩著活潑而又富有朝氣的氣息。

溫馨小提醒

切莫因過度放縱而變成不負責任，釀成悲劇。應仔細想想自己對家庭應該付的責任和義務。

最佳速配

最適合AB型射手座的是和你知根知底的朋友，有了長期的感情基礎，你才不會產生厭倦之情。

目標遠大、行動力強、富有男子漢氣魄的異性最能打動AB

型射手座女性的芳心。如果有共同的興趣愛好、人生理想，兩人會十分般配。如果一心要把AB型射手座女性調教成賢妻良母，反而會適得其反。但對方如果能夠用博大的胸懷包容她的任性和小缺點，對她全心全意，她會為了你心甘情願地付出。

對AB型射手座的建議是，選擇的既是最好的，不要朝三暮四，不然很難收穫美滿的愛情和婚姻。

健康驛站

AB型射手座對自己的健康問題十分有自信，因此會忽略自己的身體健康而生病。在平時就應注意細節，早餐一定要吃，每一餐都要認真對待。利用自己生活中的空閒時間進行鍛鍊，爬爬樓梯、做做家務，即使只是十幾分鐘，對健康也大有裨益。

遇到煩惱或感到壓力很大時，可以向長輩、親人求助。和伴侶共度二人世界也能安撫你鬱悶的心情。當你和眾多朋友小聚之後，也會重拾自信。

找一個時間充足的假期去陽光充沛郊區渡假，鬱悶的心情會一掃而光。

AB型×摩羯座

性格分析

AB型血的魔羯座你，是個具有極大忍耐力的人，又有著天真爛漫的氣質，不過你還有著纖細敏感的內心，這與你外在的沉穩是多多少少有些矛盾的。基本上你會顯得很理智，不會輕易和他人發生不愉快，儘量讓自己符合環境的各種需求。會很認真努力的工作，卻沒有太多的奢望，做好一件又一件的小事情，就會讓你感到很滿足。你很早便學會了以自己獨特的方式觀察世界，這讓你在人群中顯得既理智又安靜。你不喜歡表達自己的內心情感世界，總是會拒絕深入討論自己的觀念。

通常，AB型摩羯座女生都是沿著一個傳統的軌跡成長起來的，即使年少時也不像其他星座的女生一樣會偶爾瘋狂。很多人認為像妳這樣的女生是故步自封的，對於異性總是很冷漠，很排斥。但其實妳一旦陷入愛情，就會無法自拔，會堅信自己的愛，堅守自己的選擇，直到最後。

永不言棄AB型摩羯座的女生不但具有堅強的外表，還有一顆堅強的心。不是任人宰割的羔羊，如果被別人玩弄感情，或是受夠了他的傷害，妳會不再留戀，大步向前走絕不回頭。

而他會後悔，因為再也找不到像妳這樣專情的人了。

　　AB 型摩羯男的特性是大男人主義、強勢、喜歡挑戰，但也具有理性和冷靜。不願意表達自己的內心，隱忍而堅強。不懂得浪漫，不懂得花言巧語，思維很簡單不複雜。對於感情，會以低調的姿態去對待，有時也許會表現得很冷漠，但其實那是因為 AB 型摩羯男大部分時間都在考慮著自己的事業。你是很務實的，對著自己的目標有相當強的毅力去堅持、實現。

　　你忠於關注周圍人的人生態度，並以此來決定自己的交際圈。在與他人的交往中，你會很小心翼翼，因為是天生缺乏安全感的人，所以要讓你在感到別人不會為你帶來任何傷害的情況下，才會主動與他人深交。

　　AB 型摩羯男不擅長對付情意纏綿的愛情，但會儘量用忠誠和更多的愛護去換取他人的真心。你也許不是很好的男朋友，但是絕對是很優秀的老公。

溫馨小提醒

> AB 型摩羯座的你應該更加放開自己的心，不要總是去懷疑他人，要學會去相信別人，去接納別人。

魔羯運勢

　　AB 型摩羯座的你擁有很強的運勢，年輕時就有機會遇到貴人相助，在事業上做出一番令人矚目的成績來。

　　AB 型摩羯座女性可遇到牽手一生的人生伴侶。

　　AB 型摩羯座的你很有主見，對自己的未來很有規劃，在

貴人的幫助下，自己的人生目標能夠提前實現。你很有韌性，遇到困難和挫折都能夠靠自己頑強的毅力克服。

AB型摩羯座女性擁有力挽狂瀾的氣勢，在重大困難面前也不會屈服，並且能夠獲得朋友和親人的幫助。

紮實地走好人生的每一步，多聽取他人的意見，一生運勢會很強。

溫馨小提醒

若是你能夠多從他人的角度為他人考慮，減少私心，人生運勢會更強。

職場命運

AB型摩羯座的你擅長穩中求升，你做事穩重，步步為營，很少冒險。因為你長期以來累積的工作經驗，所以你對工作十分自信，在自己擅長的領域能夠充分發揮自己的才能。你很努力並且有耐心，終有一天能走上領導崗位，取得不錯的成績。若是能擴大自己的交際圈，多學習他人的優點，突破自己，事業上會獲得更大的進步空間。

溫馨小提醒

擴大自己的交際圈，多學習他人的長處，突破自我，是你職場開運的關鍵。

贏在職場

　　你的性格誠穩踏實，喜歡安穩生活，因此應按照自己的興趣找到適合自己的職業，長期堅守自己的崗位，在穩定謀求發展。由於你本性有耐心、有毅力，堅守下去，就可以取得較好的成績，至少也能謀得中上級領導職位。

　　你無論做什麼，起初都不是一帆風順地達到自己的理想，你是屬於「黑馬型」人才，總能在最後時刻，讓大家最你刮目相看。比如在上學期間，你的成績只是中上等，但在最後的決定性考試中卻能名列前茅。因為你屬於馬拉松好手，而不是短跑健將。

　　此型的你，因為在事業上取得的成就而對自己更加自信，並能夠客觀地評估自己各方面的能力。即使遇到一些打擊和挫折，最後也能各種方式化解困難，證明自己不凡的能力。

　　外交、金融方面的工作最適合你，這些工作都需要頑強的精神、精深的知識，以及百折不撓的信念，你做事有條不紊，行事謹慎，能夠避免重大失誤，從政從商都適宜。另外，科學家、土木工程師、醫師、不動產等，也都很適合你。只要記住，堅持信念，穩紮穩打，不隨便跳槽，定有平步青雲的一天。

　　溫馨小提醒

> 堅守工作崗位，穩中求升，發揮你堅毅的性格優點，必能有所成就。

社交技巧

AB 型摩羯座的你因為天生缺乏安全感，所以很少向人吐露自己的心聲，害怕受到傷害。待人親切友善，經常笑臉迎人，給人的第一印象很好。只有確認對方是真心對你的朋友，你才會向對方吐露心聲。

你交友容易，失去朋友也很容易。摩羯座不善交友，但四個血型中，AB 型摩羯座是朋友最多的。建議你多和朋友聯繫，你的交際範圍會不斷擴大。以輕鬆的心態對待朋友，向朋友袒露你的真心，讓朋友感覺到你的真誠和善良，朋友自然會忠心對你。

溫馨小提醒

要多與朋友聯繫，不然會陷入孤獨感中，越來越孤僻的哦。

財富密碼

你不是那種因遺產或橫財能夠一夜暴富的類型，但是你年輕時十分努力，在三十歲左右就能白手起家創業而致富。

AB 型摩羯座的人，財富的累積隨著年齡的增長而增加，到了中年仍毫無起色的類型，少之又少。你的財富有相當大的一部分都傳給了子孫後代，後代中也鮮有貧困者。

你致富的方法來源於良好的儲蓄習慣，你從小就具有理財

意識，將儲蓄的錢再投資，財富不斷累積。但你不適合投機事業，你不會投資炒股票或期貨買賣這類風險大的事業。你喜歡萬無一失，收益小但是穩定的投資方法是你的最愛。你追求生活品質，但很少買奢侈品。你勤儉節約，又善於理財，這種以少聚多的生財之道，是你成為大富翁的祕訣。

從你的一生來看，雖然早期過得稍微窘迫一些，但中後期便漸入佳境，就再也不會為缺錢而感到憂慮。

溫馨小提醒

> 儲蓄致富是你唯一的守財之道，偶爾心血來潮想冒冒風險，會損耗你的財運，甚至一無所有。

戀愛攻略

青春懵懂的少年時代，你在無形中有了愛慕的人，但是內向膽小的你沒有勇氣向對方表白。你的戀愛模式始於暗戀，往往經過很長一段時間才能確定你的感情，這時你才會慢慢鼓起勇氣向對方表白。

你暗戀的對象一般是身邊熟悉的人，例如同學、朋友、同事等，這種有一定情感基礎的穩定型戀愛比較適合你。你很少會一見鍾情或者抱著遊戲心理而開始一段戀情。你會在彼此熟悉、信任的基礎上，譜出一段溫馨和諧的戀曲。

你是愛情長跑的好手，能夠經受住長時間的考驗。同時，你也會長時間地考驗對方，那些在考驗中淘汰的對象是真不適

合你，最後贏得長跑的人，才是能堅貞地和你攜手度過一生的人。

你喜歡柏拉圖式的純潔愛情，你身上有強烈的道德感和責任感，雖然你對情欲有著強烈的好奇心，但你的自制力同樣很強。你在愛情中扮演著控制者的角色，即使情到濃時，對方想要和你有更進一步的接觸，你也會及時「踩煞車」，在盲目中清醒過來。雖然這樣的個性會給彼此帶來尷尬和不快，但都只是暫時的，最終你會贏得對方的敬愛和信賴。整體來說，你的愛情遵守社會習俗和道德制約，你的愛情屬於安全穩定型，雖然有些平淡，但卻讓追求安定的你感到幸福。

AB型摩羯座的你，戀愛觀仍然是個性的反映，極為質樸，也十分認真，此型的你向來拙於向意中人表達愛情，因此戀愛過程也是屬於「大器晚成」型。

溫馨小提醒

你的愛情方式雖然有些笨拙，但不得不稱讚你馬拉松式的耐力，因為你最終必能抵達終點。

婚姻家庭

AB摩羯座的你十分看重婚姻，你的結婚對象是「寧缺毋濫」。擇偶的標準除了愛情因素之外，還有許多現實的因素。因為你充分體驗到婚姻的重要性，所以你看待婚姻的原則是穩定第一，沒有充足的經濟保障你是絕不會輕易結婚的。

　　你不期待「白雪公主」或「白馬王子」型的對象，那在你看來那只是童話故事，現實裡很難出現。此型的你，十分適合晚婚，你會為了選擇真正能夠白頭到老的伴侶花再多時間也在所不惜，一般來說，三十歲後才結婚並不算晚。

　　你也經常會有把自己的期望寄託在別人身上的通病，尤其是女性，婚姻之後極有可能成為標準的賢妻良母，為丈夫的升遷和前途而操心，料理好家庭的一切，在事業上也幫助他爭取更高的成就。教育子女方面，會用心督促，灌輸他們出人頭地的人生觀，完成自己無法達成的願望。

　　「夫唱婦隨，白頭偕老」的婚姻模式是你明智的選擇，你的婚姻「歷久彌新」，這源於你在婚前慎重選擇和準確判斷。雖然你的婚姻中也會出現爭執、吵架、冷戰的小波折，但這只是情緒上的小波動，你通常會在事過境遷之後很快原諒對方，有時甚至比沒吵架更加恩愛。

　　你們即使吵得再凶也不會輕易鬧離婚，因為一時嘔氣而衝動離婚的情況，在你身上是絕不會發生的。再多的挫折你都不會覺得痛苦，反而認為那是幸福生活的增味劑。

　　AB型摩羯座的男性，大多是顧家而有責任感的好丈夫、好爸爸，把家庭的安定列為自己的首要責任。犧牲自己的自由和利益來換取家庭的和睦與安定，對他來說是天經地義的。AB型摩羯座的女性大多是溫柔賢淑的好妻子、好媽媽，她們在婚後培養自己理家的才能，把公婆、子女、丈夫的生活起居照料的無微不至，使丈夫毫無後顧之憂，並且還會在事業上助他一臂之力。

AB型摩羯座的你，一定要堅守「寧缺毋濫」的擇偶原則。即使已過了適婚年齡，即使身負來自社會、家庭的因素，也不宜草率盲目的結婚。

溫馨小提醒

以現實的條件來擇偶無可厚非，但忽略愛情完全靠條件維繫的婚姻，即使門當戶對也是不會幸福的。

最佳速配

AB型摩羯座女性大多數對年長的，有著豐富的人生智慧，最好是顯得霸氣十足、很有男子漢氣魄的男性有好感。愛情觀樸實，不注重外表、學歷、出身等外在條件，只要對方品性很好，勤奮努力，有著明確的人生目標，妳就會對他一心一意。

你們確立戀愛關係之前，已經是同事、同學或者朋友關係，妳對於對方有一定的瞭解，才會確立戀愛關係。一見鍾情或者閃電式的戀愛，基本不會在妳身上發生。

健康驛站

AB型摩羯座的你對自己的健康很重視，平時也會看一些養生類的書籍，為自己的一日三餐制定食譜，為自己的鍛鍊計劃制定方案。在工作之餘也很重視鍛鍊身體，在你的重視之下，你的健康狀況良好。

穩重踏實的性格是你的優點，但適當給自己的生活來點意

外,你的生活說不定會更加富有樂趣。比如在假期和戀人一起去郊外野餐,和朋友去探訪遺蹟與古都,都是很適合你的休閒方式。在不外出的情況下,研究插花藝術、練練廚藝、做做手工,都會讓你感覺精神愉悅。另外,你要注意預防頸椎、風濕等疾病。

AB型×水瓶座

性格分析

　　AB型水瓶座的你具有理性思維,能夠冷靜、客觀地去看待和評價周圍的事物。你的「理性」表現在判斷力敏銳,而且思維明確,反應速度快,善於冷靜思考。你的沉穩是其他星座無法與之相比較的,也因此你常常成為別人所求助的對象,也是其他人所傾慕的對象。獨到的見解以及特別的想法可以幫助你在人群中脫穎而出,你的與眾不同是那麼的耀眼。

　　AB型水瓶座的你可以多角度思考問題,把複雜的事情簡單化,並能掌握事情發展的全域,對未知進行合理預測,一般

被認為是很有頭腦，很聰明的一類人。你有自己處理事情的獨特方式，不會拘泥於現有的思想框架，善於打破陳規，不會甘於平凡，有時做些出人意料的事情也是很正常的，這就是AB型水瓶座人獨有的特質。

AB型水瓶座的你往往會被人誤認為是「異類」，僅僅只是因為你獨有的、超乎常人所擁有的理性，冷靜程度。事實也證明，你總是走在事物發展的最前端，構想具有獨創性，因此創造力特別強。如此特殊的你會被周圍的人視為「怪人」，但你卻一點也不在乎，堅持己見，守護自己的那一絲與眾不同，也因此常常成為被言語攻擊的對象。雖然很無辜，但從某種程度上來說，你可以樂在其中，因為這才是真正的AB型水瓶座。

AB型人的和藹可親與水瓶座的太過理性，似乎是水火不相及的兩個範圍，但就是這樣特殊的結合，造就了即使被周圍人的誤解以及中傷，你也根本不予以理會。然而你獨有的友善以及對人、對物平等的觀念，會使周遭的人對你慢慢產生好感，再加上你重情重義，所以人際關係還是很廣泛的。

溫馨小提醒

不要過於追求表達自己的獨特見解，應先注意優先對待他人的想法，接受他人的建議。

水瓶運勢

AB型水瓶座的你一生會遇到許多大大小小的挫折，感情路也多坎坷。但是你性格活潑，擅長交際，彌補了低微的運

勢。若遇上貴人相助，也有可能大力扭轉運勢，晚年達到很高的地位。無論遇到什麼困難，你都不會服輸。

建議你不要為小事蹉跎光陰，也不能恃才傲物，提前樹立自己的人生目標，為自己打造幸福美滿的一生。

溫馨小提醒

憑藉你勤奮踏實的努力，人生即使經歷坎坷磨難，結果也是光明的。

職場命運

在事業上，你不是很注重名利，只希望能夠充分發揮你的才能。你的思維很活躍，天生富有創造力，如果找到自己真正熱愛的職業，一定能做出成績來。你熱愛自由，不喜歡受過多的規章制度和團體的束縛。你淡泊名利，但卻在不知不覺中，名利就會伴隨而來。

需要注意的是，不要過多地強調你的個性。培養自己的寬容大度，注重其他人的意見，以理說服人，不要對他人的觀點嗤之以鼻。

AB型水瓶是聰明理性的人，你創新型的個性經常獲得大家讚賞，但適當感性一點，會讓你收穫更多的好人緣。

溫馨小提醒

不要過多地強調你的個性，太張揚個性，也顯得不合群。

贏在職場

AB型水瓶座的你富有開拓精神，思維能力強，是具有「先知」的特點的人。你喜歡推陳出新，發表新的、與眾不同的觀點。你才華橫溢，因此也常常得到上司的賞識與青睞。但是由於喜歡自由的空間，所以相對來說，更喜歡能夠擁有足夠空間和自由的工作。不過，生活中很難找到這樣的環境，所以你不會在一個地方待很久。

任何職業對於AB型水瓶座的你都不是很難，只要有適合的環境，你會最大限度地發揮自己的才能，去挑戰別人所不能企及的高度。

AB型水瓶座的你比較適合具有開拓、創新精神的工作，因為你會在這種考驗自我發揮能力的相對自由空間裡，最大限度地挖掘自身的才能。具有創新精神的AB型水瓶座最怕的就是一成不變，所以註定了你要走的路不會是平坦的大路。不過，要學會分清形勢，不要盲目表現自己的創意，更應該聽取他人的想法後再表達自己，這樣會使自己的人格魅力得到一定的昇華，職場道路也會越走越順。

溫馨小提醒

不要委曲求全選擇一份自己不喜歡的工作，這樣你的才能就會被埋沒了。

社交技巧

AB 型水瓶座的你十分理性，頭腦機智，目光敏銳，冷靜客觀地對待一切複雜的事物。你身邊的人會經常向你求助，你親切隨和的個性讓大家都很依賴你。但是當你和別人共事，你太過冷靜、太過苛求完美常常讓人容易誤解你。

你總是打破常規，追求創意，這是你的優點。但不要總是獨斷專行，聽取他人的建議會激發你的靈感，讓你受益匪淺。

溫馨小提醒

運用自己的親和力和活絡的人際關係，你會不斷開拓你的交際圈。

財富密碼

AB 型水瓶座的你，財富運向來不是很穩定。但因為你的獨創思維可以為自己帶來很多意想不到的財富，不過也因為不注重金錢，所以也會有因過度消費而使自己面臨喝西北風的窘境。喜愛自由的你比較注重精神生活，因此就算有多餘的錢也不想投資賺錢，是屬於有財運但不惜財的人。

AB 型水瓶座的你若想要創造財富，就必須為自己定目標，可以分為長期目標和短期目標，然後經由一個個的短期目標來實現一生的長期目標，只要有了固定的目標就會不惜一切去實現。如果能做到這點，AB 型水瓶座的你絕對是一個理財的高

手，想要生活無憂就更加不成問題。

　　AB 型水瓶座的你，思維轉變較快，所以往往不重視長期投資，如果能改善這一點的話，你的財氣就又會增加很多。

溫馨小提醒

想要創造財富，就必須為自己定目標。

戀愛攻略

　　AB 型水瓶座的你，在戀愛方面會表現出極強的個性和古怪的脾氣。你可能永遠都不知道自己在愛情裡追尋的是什麼。有時可能會對戀人表現得很冷漠，因為你實在不知道自己想要的是一個怎樣的結果，會徘徊不定，所以無法表達自己。

　　你懂得愛人，但不會去過多表達，因為怕在愛中受傷，所以你會選擇不主動去愛，即使愛了，也會表現冷漠。

　　在愛中受了傷，你會自己舔舐傷口，此型的你渴望愛又怕傷害。對外表現得很柔軟，其實骨子裡是很堅強的。一旦主動去愛，就會不顧一切，打破傳統，這與你獨特的思維多多少少有一些息息相關。

　　描寫 AB 型水瓶座的愛情，一句比較適合的詞是「不走尋常路！」

溫馨小提醒

在愛情中徘徊的人，很難收穫理想的愛情結果。

婚姻家庭

AB型水瓶座的你喜歡享受自由的生活，你不會受周圍人的影響，或因其他人的看法而改變自己的擇偶標準，你認為彼此心靈的契合才是最重要的，所以渴望快樂幸福的婚姻。

AB型水瓶座的你，在婚後的家庭生活中，前衛的思想以及理性的行動還是會表露無遺的，夫妻生活中更多的是小小的驚喜。總之，你只要動動腦筋，就會使兩個人的婚姻生活變得很豐富多彩。

不要認為套上了結婚的枷鎖，AB型水瓶座的你就會有很大的轉變。你仍舊會保持和婚前一樣的習慣以及處事方法來對待兩個人的生活，婚姻對於你來說只是表面上該有的形式而已，並不會改變與戀人之間的任何細節。你仍是你，我仍是我，不同的只是面對的是兩個人的共同生活，所以AB型水瓶座的你也許仍舊會在婚後我行我素。

雖然這樣守護住了自己的思想，但這樣對於是兩個人的共同生活還是會有很大影響的，所以為了更好地享受婚姻生活，AB型水瓶座的你更應該多做換位思考，考慮一下對方的想法及處境，做到真正的互相理解，而不是固守著自己的所謂的「個人自由」。

溫馨小提醒

多換位思考看，才能做到真正的相互理解。

最佳速配

AB型水瓶座女性喜歡風趣幽默、熱愛浪漫、誠實穩重給人安全感的異性。

雖然外表看起來冷靜理智，但對待感情卻容易失去理智。在戀愛時愛幻想、容易斤斤計較，想要掌控對方。所以有耐力、有恆心、能夠包容的異性與你最為般配。

千萬不要選擇征服欲強的異性，這會讓你失去自我，找不到安全感。你適合與處事大方，胸懷大度的人交往，也很適合與年紀比你大的人交往。

健康驛站

AB型水瓶座的你容易因為營養不協調而造成身體不適，你需要注意眼睛、頸椎、腸胃方面的疾病，另外要格外重視心臟和血管方面的疾患。感覺體力透支時，一定要停下來休息。

心緒不寧時，慢跑、騎自行車、聽音樂劇等，是適合你的調節方式。如果外出遊玩，探險、高空彈跳、科技探索等富有新奇挑戰性的活動，比較適合你求新求異的個性。

AB5型╳雙魚座

性格分析

　　AB型雙魚座的你，情緒起伏變化較大，但特別重情重義，這樣的雙魚看起來是非常溫和的人。你是很適合安靜傾聽的人，但也會偶爾時不時地表達參與進來，你的想法表達出來通常都很有意思，也很幽默。

　　與雙子相似，你這樣的雙魚也有矛盾的一面，但又不甘於讓自己處於矛盾之中，所以最好的辦法就是用自己的想像來逃避一切，讓所有的事情都變得理想化。雙魚是多愁善感的，總是小喜、小悲、小感動。自己的一些奇特愛好有時是不被其他人所接受的，喜歡看一些富於感情的文字，精神世界很豐富，熱愛一切溫暖的事物。

　　AB型雙魚座的你，特質是屬於內在的，只有在進一步深入的交往中，人們才會發現原來你是非常低調的人，不喜歡炫耀，心靈很單純。但就因為這樣，你會受到周圍環境的影響很大，總是在考慮別人的想法以及觀點，顧慮頗多，所以就變得越發懷疑自己，進而自信不足。

　　AB型雙魚座的你很敏感，很倔強，很自我，再加上很矛

183

盾，所以你自己有時會懷疑自己是不是有些精神分裂。不過，你還是很優秀的，很務實，要認真起來是別人比不了的。

多愁善感的你，也要學會現實一些。

雙魚運勢

你的感情很細膩，但缺少理性。對人生缺乏規劃，會在他人的啟發下，做出改變自己人生的重大決定。不適合早婚，早婚會讓你沉溺於感情的糾結而身心疲憊，建立在長期考驗基礎上的婚姻才會讓你獲得幸福。婚後若改變隨意懶散的生活習慣，則會有美滿的婚姻。

AB型雙魚座的你擁有敏銳的直覺，判斷力很准。但因為優柔寡斷的個性又會讓你錯失良機，建議你跟著自己的感覺走，加上自己後天的努力，必能獲得成功。即使沒有他人的支持，靠自己的奮發向上的上進心，也能實現自己的理想。

你擁有不錯的財運，收入穩定，且在投資方面會取得不小的收益。但要用之有度才能不斷生財，若消費大手大腳會失去你的財運。

溫馨小提醒

對人生多一些規劃，你會活得更自如一些。

職場命運

AB型雙魚座的你心思細膩，感情敏銳，天生富有藝術細胞，應發揮你的藝術天分。你的韻律感和審美品味都相當強，可從事兼顧興趣和收益的工作。

AB型雙魚座的你天生浪漫多情，追求自由，討厭束縛。也不會為現實和生存的壓力而妥協。因為你愛幻想而淡泊名利，對生活缺少動力和使命感，喜歡過隨性自在的生活，這常常會讓你陷入窘境，讓你長生懷才不遇之感。若你能將幻想與現實結合起來，稍微向現實妥協一點，在追求愛好的同時，也解決自己的經濟問題，你的人生會更加一帆風順。

溫馨小提醒

對工作多一份責任心，可以得到更多人的認可。

贏在職場

AB型人的極端與雙魚座的矛盾的特質結合起來，就造就了這樣一個特殊的人群，你沒有一定的原則性，通常對於事物的答案沒有明確的結論。沒有野心，喜歡沉溺於美好的幻想之中，淡泊名利，享受生活，是個性單純的人。很明顯，你不適合競爭力較強，鉤心鬥角的工作。

由於富於情感化，精神世界強大，所以憑靈感以及發揮天分性質的工作更加適合你。還有很重要的一點，因為你是極端

與矛盾的結合體，所以會導致 AB 型雙魚座的你在工作中情緒波動較大，起起伏伏，這樣就會讓你感到傷痕累累，無比的累，進而會常常更換工作。

在實際工作生活中，你很在意別人的想法以及換位思考，也老是心軟，學不會拒絕。

溫馨小提醒

壓制一點自己的敏感，迎合周圍複雜的環境，在職場中會更自如。

社交技巧

你喜歡自由隨性，對待朋友也平易近人。心思細膩，擅長察言觀色，能讀懂別人的心，經常是朋友願意傾訴的對象。

你不爭、不計較，和其他人沒有太多的利益衝突，身邊人都很願意接近你。但你對自己不太有自信，缺乏決斷力，經常錯失良機。有的時候會神經敏感，十分悲觀，這種悲觀情緒會讓朋友覺得煩。你需要建立自信，讓自己更加活潑開朗一些，陽光心態會讓朋友更加喜歡你，陌生人更加願意接近你，進而開拓自己的人際交往圈。

溫馨小提醒

建立自信心，你會抓住更多的機遇。

財富密碼

AB型雙魚座的你，最重要的財富來源便是人脈。個性單純的你擁有廣泛的人際圈，可以使你的才能得到淋漓盡致的發揮，因此財富也會隨之增加。

由於沒有過多的野心，所以對金錢方面是很容易滿足的，喜歡享受生活，有時候可能會消費過度。不過，這時就需要充分利用自己的人際關係來拓展自己的財富了。

溫馨小提醒

改掉大手大腳的消費習慣，學會儲蓄，是適合你的理財方法。

戀愛攻略

AB型雙魚座的你很敏感，所以對於戀愛有些至上主義，作為你的戀人，不能走得太遠，也不能不在乎你，對你忽冷忽熱會傷害你脆弱的心靈。你喜歡一直觀望著自己的戀人，哪怕什麼都不做。

你對於感情也甚是敏感，所以有的時候不知道在為什麼的情況下，伴侶很容易讓AB型雙魚座的戀人感到失望，而且還問不出你傷心難過的原因，很簡單，這是因為你的精神世界太豐富，所以一點小事也能觸及你敏感的神經。

AB型雙魚座的人通常比較喜歡戲劇性的戀愛，峰迴路轉，

覺得這樣的愛才會有意義，才會長久，才是你所追求的至上至純的真愛，哪怕會因此而傷痕累累，刻骨銘心，你是愛得很深刻的一群人。

溫馨小提醒

愛情不是生活的全部，如此你才能將生活過得更加豐富多彩。

婚姻家庭

AB 型雙魚座的婚姻絕對是基於愛情基礎之上的，因為你是愛情至上主義的擁有者，你需要的不是一時的愛人，而是能夠陪你走過一生的伴侶。沒有愛情的婚姻是你無法忍受的。

婚後的 AB 型雙魚座會一心一意關注家庭的事情，有戀家情結，所以你也是較為理想的人生伴侶。AB 型雙魚女即使經過很多年，也還會保持少女時所擁有的青澀感。對於家庭生活中的瑣事，你通常不會特別去在意，會大度容忍，為對方著想。

而 AB 型雙魚男感情相對較為豐富，所以很容易導致一個嚴重的問題——多情，但不可以理解為花心。婚後的你會變得很慵懶，但對於夫妻感情還是會保留戀愛時的浪漫情懷，溫柔、細膩、體貼，但仍會有一些幼稚、孩子氣，和女性朋友還保持著良好的關係。

溫馨小提醒

對待配偶更加忠貞一些，才有收穫幸福婚姻的可能。

最佳速配

　　和 AB 型水瓶座般配的是個性冷靜、果斷堅決、誠實穩重、溫柔體貼的異性。AB 型女性喜歡能夠兼顧家庭和事業的男性，以事業為重而忽略家庭的男性她們難以容忍。

　　天生浪漫的 AB 型水瓶座女性容易被外表帥氣的異性所吸引，如果對方是個風趣幽默的人，則更討她們的歡心。但也因為這樣，她們容易被長相英俊的男人所騙，若不改變愛幻想而不切實際的缺點，很可能會給自己帶來情感的傷害。

　　AB 型水瓶座的你適合個性外向、努力上進的人。遇到個性過於內向、懦弱但聰明的人，你很可能演變成爸爸或哥哥，母親或姐姐的角色。

健康驛站

　　AB 型雙魚座的你容易偏食、厭食或者暴飲暴食，會導致肥胖和腸胃方面疾病的困擾。規律作息、合理飲食、調節情緒是你保持健康的關鍵。需要注意牙齒、腿腳方面的小病痛。

　　你很有旅行運，在旅行中會結交很多朋友。旖旎風光和溫婉柔情的小鎮是最適合你的旅行地。適合結交熱愛藝術的朋友，多和朋友聯繫，會擴大你的交際圈。遇到困難找朋友幫忙，這會讓你生活更舒心。

永續圖書
線上購物網

www.foreverbooks.com.tw

◆ 加入會員即享活動及會員折扣。

◆ 每月均有優惠活動，期期不同。

◆ 新加入會員三天內訂購書籍不限本數金額，
  即贈送精選書籍一本。（依網站標示為主）

專業圖書發行、書局經銷、圖書出版

永續圖書總代理：

五觀藝術出版社、培育文化、棋茵出版社、大拓文化、讀
品文化、雅典文化、知音人文化、手藝家出版社、璞申文
化、智學堂文化、語言鳥文化

活動期內，永續圖書將保留變更或終止該活動之權利及最終決定權。

寄下後專真、帚苗或寄回至「22103新北市汐止區大同路三段194號9樓之1讀品文化收」

▶ 專屬 **AB** 型人的血型星座大解析　　（讀品讀者回函卡）

■ 謝謝您購買這本書，請詳細填寫本卡各欄後寄回，我們每月將抽選一百名回函讀者寄出精美禮物，並享有生日當月購書優惠！
想知道更多更即時的消息，請搜尋"永續圖書粉絲團"

■ 您也可以使用傳真或是掃描圖檔寄回公司信箱，謝謝。
傳真電話：（02）8647-3660　　信箱：yungjiuh@ms45.hinet.net

◆ 姓名：＿＿＿＿＿＿＿＿＿＿　□男 □女　　□單身 □已婚

◆ 生日：＿＿＿＿＿＿＿＿＿＿　□非會員　　　□已是會員

◆ **E-mail**：＿＿＿＿＿＿＿＿＿＿　電話：（　）＿＿＿＿＿

◆ 地址：＿＿＿＿＿＿＿＿＿＿＿＿＿＿＿＿＿＿＿＿＿＿＿＿

◆ 學歷：□高中以下　□專科或大學　□研究所以上　□其他＿＿＿＿

◆ 職業：□學生　□資訊　□製造　□行銷　□服務　□金融

　　　　□傳播　□公教　□軍警　□自由　□家管　□其他＿＿＿＿

◆ 閱讀嗜好：□兩性　□心理　□勵志　□傳記　□文學　□健康

　　　　　　□財經　□企管　□行銷　□休閒　□小說　□其他

◆ 您平均一年購書：□5本以下 □6~10本　□11~20本

　　　　　　　　　□21~30本以下　□30本以上

◆ 購買此書的金額：＿＿＿＿＿＿＿＿

◆ 購自：□連鎖書店　□一般書局　□量販店　□超商　□書展

　　　　□郵購　　　□網路訂購　　□其他

◆ 您購買此書的原因：□書名　□作者　□內容　□封面

　　　　　　　　　　□版面設計　□其他

◆ 建議改進：□內容　□封面　□版面設計　□其他＿＿＿＿＿＿

　　您的建議：

廣告回信
基隆郵局登記證
基隆廣字第 55 號

2 2 1 - 0 3

新北市汐止區大同路三段 194 號 9 樓之 1

讀品文化事業有限公司　收

電話/(02)8647-3663　　傳真/(02)8647-3660
劃撥帳號/18669219　　永續圖書有限公司

請沿此虛線對折免貼郵票或以傳真、掃描方式寄回本公司，謝謝！

讀好書品嚐人生的美味

專屬 AB 型人的血型星座大解析